a águia e a galinha

Dados Internacionais de Catalogação na Publicação (CIP)
(Câmara Brasileira do Livro, SP, Brasil)

Boff, Leonardo
  A águia e a galinha : uma metáfora da condição humana / Edição comemorativa – 20 anos. – Petrópolis, RJ : Vozes, 2017.

  2ª reimpressão, 2021.

  ISBN 978-85-326-5501-1
  1. Antropologia filosófica 2. Liberdade I. Título.

97-3032   CDD-128.4

Índices para catálogo sistemático:
1. Condição humana : Antropologia filosófica 128.4
2. Liberdade : Experiência humana : Antropologia filosófica 128.4

LEONARDO BOFF

a águia e a galinha

Uma metáfora da condição humana

Edição comemorativa – 20 anos

© by Animus / Anima Produções Ltda.
Caixa Postal 92.144 – Itaipava
25741-970 Petrópolis, RJ
www.leonardoboff.com
Brasil

Direitos de publicação em língua portuguesa:
1997, 2017, Editora Vozes Ltda.
Rua Frei Luís, 100
25689-900 Petrópolis, RJ
www.vozes.com.br
Brasil

Todos os direitos reservados. Nenhuma parte desta obra poderá ser reproduzida ou transmitida por qualquer forma e/ou quaisquer meios (eletrônico ou mecânico, incluindo fotocópia e gravação) ou arquivada em qualquer sistema ou banco de dados sem permissão escrita da editora.

CONSELHO EDITORIAL

Diretor
Gilberto Gonçalves Garcia

Editores
Aline dos Santos Carneiro
Edrian Josué Pasini
Marilac Loraine Oleniki
Welder Lancieri Marchini

Conselheiros
Francisco Morás
Ludovico Garmus
Teobaldo Heidemann
Volney J. Berkenbrock

Secretário executivo
Leonardo A.R.T. dos Santos

Diagramação: Sheilandre Desenv. Gráfico
Revisão: Nilton Braz da Rocha
Capa: Idée Arte e Comunicação

ISBN 978-85-326-5501-1

Editado conforme o novo acordo ortográfico.

Este livro foi composto e impresso pela Editora Vozes Ltda.

Dedico este livro:

– aos sensíveis à dimensão feminina, a águia mais aprisionada e reprimida de nossa cultura. Sem ela, James Aggrey jamais teria contado a história que contou. Eu, certamente, não teria tido a sensibilidade para guardá-la e refleti-la no coração. E vocês não seriam capazes de experienciá-la.
– a todos os que, sendo águias, são impedidos de o ser e se veem reduzidos à condição de galinhas.
– de maneira especial ao povo negro e às nações indígenas, naturalmente portadores da ânsia de ser-águia.

Sumário

Prefácio à edição comemorativa – 20 anos, 9

Prefácio à 43ª edição, 15

Todo ponto de vista é a vista de um ponto, 19

1 Uma história que vem da África, 21
   A libertação começa na consciência, 22
   A libertação se efetiva na prática histórica, 25

2 Nós somos águias!, 29

3 Contar e recontar no estilo dos hebreus, 33

4 A águia cativa e libertada, 37
   1. Como vivem as águias, 39
   2. Como se enamoram e se acasalam as águias, 40
   3. Como uma águia virou galinha, 41
   4. Como a galinha-águia despertou, 45
   5. Como a galinha-águia voltou a ser águia, 48

5 A águia e a galinha convivem em nós, 51
- 1. Complexidade: a estrutura básica do universo, 51
  - a) A realidade feita de caos e de cosmos, 53
  - b) A realidade como onda e como partícula, 55
  - c) A unidade complexa corpo-alma, 57
  - d) A unidade complexa fé-religião, 60
  - e) A unidade complexa ética-moral, 61
- 2. A Escola de Atenas, de Rafael, e o Mago do Tarô: duas filosofias de vida, 65
- 3. Sistemas fechados e abertos, 67
- 4. O desafio maior: fazer conviver a águia com a galinha, 68
- 5. A hora e a vez da águia, 69

6 Libertar a águia em nós, 73
- 1. Heróis e heroínas de suas próprias sagas, 74
- 2. O paraíso e a queda acontecem hoje, 81
- 3. A força regeneradora do amor incondicional, 84
- 4. A importância das figuras exemplares, 87
- 5. O Sol: experiência do Numinoso e do Centro, 95
- 6. O reencontro no grande Útero, 99

7 O arquétipo da síntese entre a águia e a galinha, 103
- 1. A águia e a galinha como arquétipos, 103
- 2. Buscando a síntese: a transparência, 104
- 3. Dando asas à águia, 107
- 4. A união dos opostos, 108

Referências, 111

Glossário, 115

Livros de Leonardo Boff, 129

Prefácio à edição comemorativa 20 anos

O destino incontrolável de um livro

Os sábios antigos diziam: *"Habent sua fata libelli"*: "Os livros possuem seu destino misterioso".

Esse destino misterioso se encontra no autor e nos leitores e leitoras.

O destino do autor

Consideremos o destino do autor: como irrompeu a ideia de escrever tal livro? Quanto tempo de maturação precisou? Quando finalmente se pôs a escrevê-lo?

Curiosamente, este livro – *A águia e a galinha: uma metáfora da condição humana* – conheceu uma longa pré-história. Foi o tempo da semente depositada no coração da terra escura. Escutei a história num sermão feito numa pequena vila de camponeses nos arredores de Munique, em meados dos anos de 1960, quando fazia meus estudos na universidade.

Ao ouvi-la, fiquei impactado. Uma ideia invadiu logo minha mente: eis aqui uma metáfora da condição humana. Efetivamente ela possui a dimensão de *águia*, cheia de sonhos, projetos, utopias, ideias mobilizadoras. Que seria o ser humano sem essa dimensão que viola as convenções e representa o impulso para cima e para frente? A condição humana vem dotada também da dimensão de *galinha*, da concretude, dos pés no chão, do sentido prático da vida. Quantos erros cometeríamos se não levássemos em conta também essa dimensão?

O desafio que se coloca a cada um e ao longo de toda a vida é: Como fazer conviver a dimensão de águia com a dimensão de galinha? Quando devemos ser mais águias e menos galinha? Quando importa ser de fato mais galinha para dar conta das necessidades do dia a dia? Quando importa erguer voo, superar o cotidiano cinzento e a rotina de muitos anos e tentar algo diferente?

Essa síntese nunca está pronta e feita de uma vez por todas. Em todo momento nos confrontamos com os desafios dessa síntese.

Quando irrompeu a inspiração do livro

Demorei muitos anos para compreender realmente que se tratava de uma instigante metáfora da condição humana. Acumulei materiais e mais materiais que eram jogados dentro de uma pasta. Mas não encontrava um fio condutor que unisse as muitas partes e constituísse uma narrativa que fizesse sentido.

Essa matutação demorou exatamente 30 anos. Sei que tudo é lançado no inconsciente. Este é criativo e possui a sua lógica, pois lentamente da desordem vai gestando uma ordem surpreendente.

Eis que, de sopetão, caiu-me como um raio a ordem urdida no inconsciente. Estava dentro de um carro, no meio da neve, saindo da Floresta Negra alemã, para onde fora passar um fim de semana depois de pesados cursos e palestras na Universidade de Basileia, Suíça, onde me encontrava como professor-visitante.

Tomei um guardanapo do hotel onde estava hospedado e nele esquematizei todos os capítulos, um após o outro. Como num repente inesperado, a semente rompeu a terra escura, brotou e aí nascia o livro.

Depois foi só escrevê-lo, coisa que também é um trabalho oneroso, pois não bastam os capítulos. A seguir vêm os conteúdos, as palavras, as metáforas e as conexões. Mas o essencial estava lá concebido e dado à luz.

Este é o misterioso destino de um livro da parte do autor.

O destino do leitor e da leitora

Outro é o destino misterioso da parte do leitor e da leitora. Você nunca poderá saber em que mãos cairá o livro e com que olhos será lido. Acresce ainda o fato de que seu autor não é apenas aquele que o concebeu e escreveu. Todo leitor e toda leitora também são coautores. Cada um faz a leitura de um livro a partir de sua história, das perguntas que se coloca na vida e que eventualmente procura respostas nele.

Regra geral, o livro é bom se consegue atingir o profundo das pessoas, chegar àquelas dimensões carregadas de interrogações que buscam luz. Isso não ocorre por vontade do autor e também dos leitores e das leitoras. Trata-se de algo misterioso que tem a ver com um desígnio cujo sentido não alcanço decifrar e que não é manipulável nem controlável. Mas ele está lá e misteriosamente existe.

A profundidade do outro é alcançada quando o autor não pretende atingir tal objetivo. Se pretender, então é que não vai conseguir. O autor deve se despojar de todo o interesse e ser profundamente inteiro e verdadeiro com referência àquilo que escreve. Então, talvez, poderá abrir uma fresta na profundidade do outro.

Algo semelhante ocorre com os leitores e as leitoras. Devem ler os textos com o coração aberto, sem introjetar conceitos e preconceitos. Deixar que o texto fale por si mesmo. Logicamente, irá escutar a fala a partir dos ouvidos que têm, do lugar social que ocupam e do tipo de interrogações que carregam.

Aí pode ocorrer o encontro de dois oceanos. Eles se completam. O resultado é o sentimento de elevação e de crescimento interior. Algo que estava escondido foi despertado, veio à luz. Não foi o autor o parteiro desse despertar. A realidade estava lá, mas o texto a tocou e então ela pode despertar. Dessa forma, o leitor e a leitora se fazem efetivamente coautores, se identificam e se apropriam da mensagem do livro.

Qual é o efeito da leitura do livro?

O livro *A águia e a galinha* conheceu esse percurso desde que foi publicado em 1997. E ainda continua. Seguramente é pelo fato de que sua mensagem estimula a autoestima, evoca energias escondidas que querem irromper e às vezes – por tantas circunstâncias da vida – não conseguem encontrar o seu caminho.

Muitos sentem a força da dimensão-galinha e anseiam por libertação. Como gostariam de voar alto e despertar a águia escondida dentro de si. De repente, uma coragem desconhecida emerge e eles começam um processo de libertação. É a dimensão-águia se fazendo presente em sua vida.

Outras vezes se dão conta de que seus projetos são complexos demais, seus sonhos quase inalcançáveis, suas utopias sendo negadas pela rudeza da realidade. Sentem que devem redescobrir a dimensão-galinha: serem mais concretos; darem passos mais curtos, mas seguros; começarem pelo primeiro degrau da escada e não saltarem imediatamente para o quinto. Constroem o trampolim que permite o salto para as alturas onde voa a águia.

A mensagem deste livro conduz, sem intencionalidades prévias, ao resgate desse equilíbrio entre as duas dimensões, a da águia e a da galinha. Ninguém, em sua essência, deixará de ser águia, pois, caso contrário, a vida perderia cor e sabor, e acabaria se afundando no pântano da mediocridade. Mas também ninguém deixará de ser galinha, especialmente quando se trata de tomar decisões nos negócios, sobre os projetos que pode ou não realizar e de levar sua vida familiar em harmonia. Aqui os erros podem nos dar amargas lições.

Não imagine o leitor e a leitora que foi fácil escrever esta história. Seu estilo é fluente e as reflexões possuem sua leveza. No entanto, a obra vem sustentada por estudos sérios, entrando no campo da filosofia, da ecologia, do novo paradigma, da ética e da espiritualidade. Isso se encontra no livro que completa este primeiro: *O despertar da águia: o dia-bólico e o sim-bólico na construção da realidade*. O "dia-bólico" e o "sim-bólico" substituem, na linguagem da psicanálise e da nova cosmologia (visão do mundo), os polos águia e galinha. Nesse segundo livro há bastante ciência que procurei, em linguagem menos técnica, torná-la acessível aos leitores e leitoras contemporâneos.

Mas ambos os livros podem ser lidos, independentemente um do outro, pois formam, cada qual à sua maneira, uma narrativa que suponho coerente e ilustrativa.

Não há maior satisfação, como escritor, do que ouvir de pessoas, muitas delas simples e sem maior formação escolar, o testemunho do bem que a leitura de *A águia e a galinha* lhes fez. Como descobriram a águia sepultada dentro delas e de como, de repente, emergiram energias antes desconhecidas, que as tornaram mais livres, disponíveis aos demais e felizes.

Comparto com F. Nietzsche a experiência de que Alguém Maior está presente num autor que integralmente se entrega ao impulso de escrever. O impulso se transforma, então, em imperativo do qual não consegue se livrar, enquanto não atender ao seu apelo. Esse Maior se oculta também em cada um dos leitores e das leitoras.

Ele está para além do texto, mas o perpassa. É dele que vem toda luz e toda inspiração. Escutado e acolhido, faz-nos mais humanos, solidários, compassivos, acolhedores das diferenças, cuidadores da Mãe Terra e mais amantes da vida. Oxalá, o livro *A águia e a galinha* se preste ainda à evocação desses valores. Mas sem qualquer pretensão.

L.B.
Petrópolis, Páscoa de 2017.

Prefácio à 43ª edição

Já se completam dez anos que o livro *A águia e a galinha – Uma metáfora da condição humana* foi publicado. Conheceu ampla aceitação por pessoas de diferentes tipos de formação: de meios populares a acadêmicos, de jovens a adultos, de educadores a religiosos.

O êxito deve-se fundamentalmente a dois fatores. Em primeiro lugar, ao tema em si, que constitui desafio permanente para cada pessoa humana: como combinar sonho e realidade, desejo e necessidade, história e utopia, fato e ideia, poder e carisma, enraizamento e abertura, anjos e demônios, céu e terra, que sempre vêm juntos, opostos e simultaneamente complementares? Como utilizar as energias aí presentes para crescer e ser mais plenamente humanos?

O segundo fator é a maneira singular pela qual esta questão existencial foi abordada com os recursos do novo paradigma contemporâneo. Por paradigma entendemos o conjunto das visões, das ideias, dos valores, dos saberes e dos dados de ciência que, conectados entre si, nos fornecem a imagem contemporânea do mundo.

Para a formulação deste novo paradigma foi importante a Teoria da Relatividade de Einstein, a física quântica de Bohr e Heisenberg, a termodinâmica de Prigogine, a nova antropologia, a biologia celular e genética, a astrofísica e a Teoria da Evolução Ampliada. Também chamamos a tudo isso de nova cosmologia, que significa a visão de mundo predominante na sociedade, fruto da transdisciplinaridade de todos estes saberes. No final do livro são fornecidas as principais obras com seus autores.

A compreensão de fundo reside no fato de que tudo provém de um imenso processo de evolução que já dura 15 bilhões de anos, no qual energia, matéria e informação estão sempre interagindo e fazendo com que todos os seres evolutivamente surjam, sempre interdependentes uns dos outros. Nesse processo tudo tem a ver com tudo em todos os momentos e em todas as circunstâncias. Redes de relações envolvem a todos, formando um incomensurável sistema dinâmico e sempre aberto a novas aquisições. O ser humano é parte deste todo e ocupa dentro dele um lugar singular por ser consciente e ético com a missão de cuidar da Casa Comum que recebeu de herança.

As dualidades explicitadas acima pertencem à condição humana, por mais contraditórias que possam parecer. São dimensões da mesma e única realidade, do mesmo e único ser humano e se complementam mutuamente.

O leitor e a leitora são *desafiados* a assumir esta complexa condição humana, são *convidados* a refletir sobre seu significado e são *provocados* a plasmar criativamente seu próprio destino.

Para materializar esta realidade singular escolhemos as figuras da águia e da galinha. Elas foram tiradas da instigante história de uma jovem águia ferida que foi educada no meio de galinhas até virar galinha também. Mas eis que um belo dia seu coração de águia despertou. Bebendo o sol com os olhos, resgatou seu ser de águia, ensaiou um voo – titubeante no começo e firme em seguida – até voar soberbamente e desaparecer no azul do firmamento.

Trata-se de uma metáfora. A galinha expressa a situação humana na sua materialidade, no seu cotidiano, no círculo da vida privada, nos afazeres domésticos, nos hábitos familiares e culturais, na labuta cotidiana pelo pão de cada dia. A águia representa a mesma vida humana em sua espiritualidade, na capacidade de romper com os limites, em seus sonhos, em sua capacidade de criar coisas novas, em sua potencialidade de conectar-se com outras pessoas, com o futuro, com a evolução, com o universo e com Deus.

O leitor e a leitora devem desenvolver sabedoria para saberem quando importa ser águia e quando galinha. Quando devem ser concretos e realistas como quem anda pelo chão, tal qual uma galinha, e quando devem dar asas à águia para erguer voo e ir em busca de seus sonhos. Essa combinação os fará crescer e desabrochar em sua humanidade. Esta é finalmente nossa missão na curta passagem por este Planeta.

Leonardo Boff
Petrópolis, 1º de janeiro de 2006.

Todo ponto de vista é a vista de um ponto

Ler significa reler e compreender, interpretar. Cada um lê com os olhos que tem. E interpreta a partir de onde os pés pisam.

Todo ponto de vista é a vista de um ponto. Para entender como alguém lê é necessário saber como são seus olhos e qual é sua visão de mundo. Isso faz da leitura sempre uma releitura.

A cabeça pensa a partir de onde os pés pisam. Para compreender é essencial conhecer o lugar social de quem olha. Vale dizer: como alguém vive, com quem convive, que experiências tem, em que trabalha, que desejos alimenta, como assume os dramas da vida e da morte e que esperanças o animam. Isso faz da compreensão sempre uma interpretação.

Sendo assim, fica evidente que cada leitor é coautor. Porque cada um lê e relê com os olhos que tem. Porque compreende e interpreta a partir do mundo que habita.

Com estes pressupostos vamos contar a história de uma águia, criada como galinha. Essa história será lida e compreendida como uma metáfora da condição humana. Cada um lerá e relerá conforme forem seus olhos. Compreenderá e interpretará conforme for o chão que seus pés pisam.

Os antigos bem diziam: *habent sua fata libelli*, os livros têm seu próprio destino. Tinham razão, porque o destino dos livros está ligado ao destino dos leitores. E aí entram em cena a águia e a galinha, carregadas de significação, como veremos ao longo de nossa história.

Esperamos que para você a águia e a galinha se transformem também em símbolos e sacramentos da busca humana por integração e por equilíbrio dinâmico.

Desejamos que a águia sepultada desperte e voe, ganhando altura e ampliando os horizontes de sua releitura e compreensão de você mesmo e do mundo.

Convidamos você a fazer-se, junto com as forças diretivas do universo, cocriador/cocriadora do mundo criado e por criar.

L.B.
Querência de McKenzie/Padula,
Sossego, MG, verão de 1997.

1
Uma história que vem da África

Era uma vez um político, também educador popular, chamado James Aggrey. Ele era natural de Gana, pequeno país da África Ocidental. Até agora, talvez, um ilustre desconhecido. Mas, certa feita, contou uma história tão bonita que, com certeza, já circulou pelo mundo, tornando seu autor e sua narração inesquecíveis.

Como muitas pessoas provavelmente não tiveram a oportunidade de ler sua história, nem de conhecer seu país, vamos inicialmente falar um pouco de Gana e relembrar aquela história.

Gana está situada no Golfo da Guiné, entre a Costa do Marfim e o Togo. Sua longa história vem do século IV. Alcançou o apogeu entre 700 e 1200 de nossa era. Naquela época havia tanto ouro que até os cães de raça usavam coleiras e adornos com esse precioso metal.

No século XVI Gana foi feita colônia pelos portugueses. E por causa do ouro abundante chamaram-na de Costa do Ouro. Outros, como os traficantes de escravos, denominavam-na também de Costa da Mina.

No século XVIII, época do chamado ciclo da Costa da Mina, vieram dessa região, especialmente para a Bahia, cerca de 350 mil escravos. Com eles vieram e foram incorporados muitos elementos de sua cultura. O uso medicinal das folhas (ewé) que curam somente quando acompanhadas de palavras mágicas e de encantamento. E sua religião, o *ioruba* ou o candomblé, que possui uma das teologias mais fascinantes do mundo. Faz de cada pessoa humana uma espécie de Jesus Cristo, quer dizer, um virtual incorporador dos orixás, divindades ligadas à natureza e às suas energias vitais.

Os escravos eram negociados em troca de fumo de terceira. Refugado por Lisboa, esse fumo era muito apreciado na África por causa de seu perfume. Dizia-se até: "a Bahia tem fumo e quer escravos; Costa da Mina tem escravos e quer fumo; portanto, façamos um negócio que é bom para os dois lados". A maioria dos escravos das plantações de cana-de-açúcar nos Estados Unidos vieram também da região de Gana.

A pretexto de combater a exportação de escravos para as Américas, a Inglaterra se apoderou desta colônia portuguesa. De início, em 1874, ocupou a costa e, em seguida, em 1895, invadiu todo o território. Gana perdeu assim a liberdade, tornando-se apenas mais uma colônia inglesa.

A libertação começa na consciência

A população ganense sempre alimentou forte consciência da ancestralidade de sua história e muito orgulho da nobreza de suas tradições religiosas e culturais. Em consequência, foi constante sua oposição a todo tipo de colonização. James Aggrey, considerado um dos precursores do nacionalismo africano e do moderno pan-africanismo, fortaleceu significativamente este sentimento.

Ele teve grande relevância política como educador de seu povo. Para libertar o país – pensava ele à semelhança de Paulo Freire – precisamos, antes de tudo, libertar a consciência do povo. Ela vem sendo escravizada por ideias e valores antipopulares, introjetados pelos colonizadores.

Com efeito, os colonizadores, para ocultar a violência de sua conquista, impiedosamente desmoralizavam os colonizados. Afirmavam, por exemplo, que os habitantes da Costa do Ouro e de toda a África eram seres inferiores, incultos e bárbaros. Por isso mesmo deviam ser colonizados. De outra forma, jamais seriam civilizados e inseridos na dimensão do espírito universal.

Os ingleses reproduziam tais difamações em livros. Difundiam-nas nas escolas. Pregavam-nas do alto dos púlpitos das igrejas. E propalavam-nas em todos os atos oficiais.

O martelamento era tanto que muitos colonizados acabaram hospedando dentro de si os colonizadores com seus preconceitos. Acreditaram que de fato nada valiam. Que eram realmente bárbaros; suas línguas, rudes; suas tradições, ridículas; suas divindades, falsas; sua história, sem heróis autênticos, todos efetivamente ignorantes e bárbaros.

Pelo fato de serem diferentes dos brancos, dos cristãos e dos europeus, foram tratados com desigualdade, discriminados. A diferença de raça, de religião e de cultura não foi vista pelos colonizadores como riqueza humana. Grande equívoco: a diferença foi considerada como inferioridade!

Processo semelhante ocorreu no século XVI com os indígenas da América e com os colonizados da Ásia. E ocorre ainda hoje com os países que não foram inseridos no novo sistema mundial de produção, de consumo e de mercado global, como a maioria das nações da América Latina, da África e da Ásia. Elas são consideradas "sem interesse para o capital", tidas, em termos globais, como "zeros econômicos" e suas populações vistas como "massas humanas descartáveis", "sobrantes" do processo de modernização. São entregues à própria fome, à miséria e à margem da história feita pelos que presumem ser os senhores do mundo. Estes mostram, por isso, uma insensibilidade e uma desumanidade que dificilmente encontra paralelos na história humana.

Infelizmente, a mesma discriminação acontece com os pobres e miseráveis, com as mulheres, os deficientes físicos e mentais, os homossexuais, os portadores do vírus HIV, os hansenianos e todos aqueles que não se enquadram nos modelos preestabelecidos. Todos são vítimas do preconceito e da exclusão por parte daqueles que se pretendem os únicos portadores da humanidade, de cultura, de saúde, de saber e de verdade religiosa.

– Dominadores, vossa arrogância vos torna cruéis e sem piedade. Ela vos faz etnocêntricos*, dogmáticos* e fundamentalistas*. Não percebeis que vos desumanizais a vós mesmos? Reparai: onde chegais, fazeis vítimas de toda ordem por conta do caráter discriminador, proselitista e excludente de vossas atitudes e de vosso projeto cultural, religioso, político e econômico que impondes a todo mundo!

---

* Sempre que aparecer este sinal (*) junto às palavras significa que elas serão explicadas no glossário.

A libertação se efetiva na prática histórica

Toda colonização – seja a antiga, pela invasão dos territórios, seja a moderna, pela integração forçada no mercado mundial – significa sempre um ato de grandíssima violência. Implica o bloqueio do desenvolvimento autônomo de um povo. Representa a submissão de parcelas importantes da cultura, com sua memória, seus valores, suas instituições, sua religião, à outra cultura invasora. Os colonizados de ontem e de hoje são obrigados a assumir formas políticas, hábitos culturais, estilos de comunicação, gêneros de música e modos de produção e de consumo dos colonizadores. Atualmente se verifica uma poderosa "hamburguerização" da cultura culinária e uma "rockiquização" dos estilos musicais. Os que detêm o monopólio do ter, do poder e do saber, controlam os mercados e decidem sobre o que se deve produzir, consumir e exportar. Numa palavra, os colonizados são impedidos de fazer suas escolhas, de tomar as decisões que constroem a sua própria história.

Tal processo é profundamente humilhante para um povo. Produz sofrimentos dilaceradores. A médio e a longo prazos não há razões, quaisquer que sejam, que consigam justificar e tornar aceitável tal sofrimento. Aos poucos ele se torna simplesmente insuportável. Dá origem a um antipoder. Os oprimidos começam a "extrojetar" o opressor que forçadamente hospedam dentro de si. É o tempo maduro para o processo de libertação. Primeiro, na mente. Depois, na organização. Por fim, na prática.

Libertação significa a ação que liberta a liberdade cativa. É só pela libertação que os oprimidos resgatam a autoestima. Refazem a identidade negada. Reconquistam a pátria dominada. E podem construir uma história autônoma, associada à história de outros povos livres.

– Oprimidos, convencei-vos desta verdade: a libertação começa na vossa consciência e no resgate da vossa própria dignidade, feita mediante uma prática consequente. Confiai. Jamais estareis sós. Haverá sempre espíritos generosos de todas as raças, de todas as classes e de todas as religiões que farão corpo convosco na vossa nobre causa da liberdade. Haverá sempre aqueles que pensarão: cada sofrimento humano, em qualquer parte do mundo, cada lágrima chorada em qualquer rosto, cada ferida aberta em qualquer corpo é como se fosse uma ferida no meu próprio corpo, uma lágrima dos meus próprios olhos e um sofrimento do meu próprio coração. E abraçarão a causa dos oprimidos de todo o mundo. Serão vossos aliados leais.

James Aggrey incentivava em seus compatriotas ganenses tais sentimentos de solidariedade essencial. Infelizmente não pôde ver a libertação de seu povo. Morreu antes, em 1927. Mas semeou sonhos.

A libertação veio com Kwame N'Krumah, uma geração após. Este aprendeu a lição libertária de Aggrey. Apesar da vigilância inglesa, conseguiu organizar em 1949 um partido de libertação, chamado Partido da Convenção do Povo.

N'Krumah e seu partido pressionaram de tal maneira a administração colonial inglesa, que o governo de Londres se viu obrigado, em 1952, a fazê-lo primeiro-ministro. Em seu discurso de posse surpreendeu a todos ao proclamar: "Sou socialista, sou marxista e sou cristão".

Obteve a sua maior vitória no dia 6 de março de 1957 quando presidiu a proclamação da independência da Costa do Ouro. Agora o país voltou ao antigo nome: Gana. Foi a primeira colônia africana a conquistar sua independência.

Gana tem hoje 238.537 quilômetros quadrados, com densa selva tropical ao sul, atravessada pelo grandioso Rio Volta de 1.600 quilômetros de comprimento. A represa Akosombo, feita com o rio, forma um imenso lago de 8.482 quilômetros quadrados, numa extensão de quatrocentos quilômetros. A capital é Accra, com cerca de 2,3 milhões de habitantes numa população total de 25,5 milhões de pessoas.

Se aplicarem os ideais de James Aggrey, consolidarão sua identidade e autonomia. E avançarão pouco a pouco no sentido de uma concidadania participativa e solidária.

2
Nós somos águias!

Vamos, finalmente, contar a história narrada por James Aggrey.

O contexto é o seguinte: em meados de 1925, James havia participado de uma reunião de lideranças populares na qual se discutiam os caminhos da libertação do domínio colonial inglês. As opiniões se dividiam.

Alguns queriam o caminho armado. Outros, o caminho da organização política do povo, caminho que efetivamente triunfou sob a liderança de Kwame N'Krumah. Outros se conformavam com a colonização à qual toda a África estava submetida. E havia também aqueles que se deixavam seduzir pela retórica* dos ingleses. Eram favoráveis à presença inglesa como forma de modernização e de inserção no grande mundo tido como civilizado e moderno.

James Aggrey, como fino educador, acompanhava atentamente cada intervenção. Num dado momento, porém, viu que líderes importantes apoiavam a causa inglesa. Faziam letra morta de toda a história passada e renunciavam aos sonhos de libertação. Ergueu então a mão e pediu a palavra. Com grande calma, própria de um sábio, e com certa solenidade, contou a seguinte história:

"Era uma vez um camponês que foi à floresta vizinha apanhar um pássaro para mantê-lo cativo em sua casa. Conseguiu pegar um filhote de águia. Colocou-o no galinheiro junto com as galinhas. Comia milho e ração própria para galinhas. Embora a águia fosse o rei/rainha de todos os pássaros.

Depois de cinco anos, este homem recebeu em sua casa a visita de um naturalista. Enquanto passeavam pelo jardim, disse o naturalista:

– Esse pássaro aí não é galinha. É uma águia.

– De fato – disse o camponês. É águia. Mas eu a criei como galinha. Ela não é mais uma águia. Transformou-se em galinha como as outras, apesar das asas de quase três metros de extensão.

– Não – retrucou o naturalista. Ela é e será sempre uma águia. Pois tem um coração de águia. Este coração a fará um dia voar às alturas.

– Não, não – insistiu o camponês. Ela virou galinha e jamais voará como águia.

Então decidiram fazer uma prova. O naturalista tomou a águia, ergueu-a bem alto e desafiando-a disse:

– Já que você de fato é uma águia, já que você pertence ao céu e não à terra, então abra suas asas e voe!

A águia pousou sobre o braço estendido do naturalista. Olhava distraidamente ao redor. Viu as galinhas lá embaixo, ciscando grãos. E pulou para junto delas.

O camponês comentou:

– Eu lhe disse, ela virou uma simples galinha!

– Não – tornou a insistir o naturalista. Ela é uma águia. E uma águia será sempre uma águia. Vamos experimentar novamente amanhã.

No dia seguinte, o naturalista subiu com a águia no teto da casa. Sussurrou-lhe:

– Águia, já que você é uma águia, abra suas asas e voe!

Mas quando a águia viu lá embaixo as galinhas, ciscando o chão, pulou e foi para junto delas.

O camponês sorriu e voltou à carga:

– Eu lhe havia dito, ela virou galinha!

– Não – respondeu firmemente o naturalista. Ela é águia, possuirá sempre um coração de águia. Vamos experimentar ainda uma última vez. Amanhã a farei voar.

No dia seguinte, o naturalista e o camponês levantaram bem cedo. Pegaram a águia, levaram-na para fora da cidade, longe das casas dos homens, no alto de uma montanha. O sol nascente dourava os picos das montanhas.

O naturalista ergueu a águia para o alto e ordenou-lhe:

– Águia, já que você é uma águia, já que você pertence ao céu e não à terra, abra suas asas e voe!

A águia olhou ao redor. Tremia como se experimentasse nova vida. Mas não voou. Então o naturalista segurou-a firmemente, bem na direção do sol, para que seus olhos pudessem encher-se da claridade solar e da vastidão do horizonte.

Nesse momento, ela abriu suas potentes asas, grasnou com o típico *kau-kau* das águias e ergueu-se, soberana, sobre si mesma. E começou a voar, a voar para o alto, a voar cada vez para mais alto. Voou... voou... até confundir-se com o azul do firmamento..."

E Aggrey terminou conclamando:

– Irmãos e irmãs, meus compatriotas! Nós fomos criados à imagem e semelhança de Deus! Mas houve pessoas que nos fizeram pensar como galinhas. E muitos de nós ainda acham que somos efetivamente galinhas. Mas nós somos águias. Por isso, companheiros e companheiras, abramos as asas e voemos. Voemos como as águias. Jamais nos contentemos com os grãos que nos jogarem aos pés para ciscar.

3
Contar e recontar no estilo dos hebreus

A história de James Aggrey é realmente esplêndida. Evoca dimensões profundas do espírito, indispensáveis para o processo de realização humana: o sentimento de autoestima, a capacidade de dar a volta por cima nas dificuldades quase insuperáveis, a criatividade diante de situações de opressão coletiva que ameaçam o horizonte da esperança.

James Aggrey tinha razão: cada pessoa tem dentro de si uma águia. Ela quer nascer. Sente o chamado das alturas. Busca o sol. Por isso somos constantemente desafiados a libertar a águia que nos habita.

Para resgatar essa águia, orientemo-nos pela história desse educador ganense. O caminho de libertação se tornará mais límpido, se recontarmos a história da águia enriquecendo-a com mais dados. Assim teremos mais elementos de reflexão e de estímulo para seguir caminhando.

Esse modo de recontar acrescentando novos dados é próprio das culturas orais como as dos negros e dos indígenas. É natural também nas famílias que guardam a memória de seus antepassados e da cultura popular não escolarizada.

Os hebreus*, povo que na Antiguidade ocupava o atual território de Israel, desenvolveram, com grande capacidade, esse gênero literário. Os mestres em Israel, os rabinos e os comentadores dos textos sagrados da Bíblia* e do Talmud*, chamavam este gênero de midraxe*. Utilizavam-no com a intenção de atualizar e aprofundar a mensagem dos pais de sua fé.

Existem dois tipos de *midraxe*: o *halacá* e o *hagadá**. O *midraxe-halacá* explica e comenta, atualizando, as leis judaicas. O *midraxe-hagadá* amplia histórias bíblicas enfeitando-as com dados verdadeiros, legendários ou fantásticos. O objetivo é sempre tirar lições edificantes e ampliar o sentido para a vida. Com isso animavam as buscas de seu povo e conferiam brilho à peregrinação humana. É esse segundo tipo de *midraxe* que nos vai interessar.

Antes de começar a nossa história, vamos dar um exemplo de *midraxe-hagadá*. O Livro do Gênesis*, primeiro livro histórico da Bíblia, narra a criação do céu e da terra e de todos os seres. Narra a origem de Adão a partir do pó da terra e de Eva, a partir de uma costela de Adão. Aí encontramos também o que Deus disse: "não é bom que Adão esteja só; vou dar-lhe uma companheira que lhe esteja à altura" (Gn 2,18).

Dentre todos os animais não havia nenhum que pudesse ser para Adão um interlocutor adequado. Então Deus criou Eva a partir do lado de Adão. Comumente se fala de forma errônea que Deus criou Eva da costela de Adão. Em hebraico se usa a palavra *zela* que significa propriamente *lado* e não *costela*. É uma metáfora para significar que Eva foi tirada não da cabeça de Adão, para ser sua senhora. Nem dos pés, para ser sua escrava. Mas do seu lado, do lado do coração, para ser sua companheira. Ela sim é e poderá ser a interlocutora de Adão, conforme ele mesmo exclama ao vê-la diante de si: "eis o osso dos meus ossos, a carne da minha carne... por isso o homem-varão deixará o pai e a mãe e se unirá à sua mulher; serão uma só carne" (Gn 2,23-24).

Um outro texto do mesmo livro relata que "Deus criou o ser humano à sua imagem, à imagem de Deus o criou, macho e fêmea Ele os criou" (Gn 1,27; 5,2).

A humanidade, segundo esses textos, se realiza sempre sob a forma de homem e mulher, sob a diferença de masculino e feminino. Ela é composta por Adãos e por Evas. Há uma relação profunda entre homem e mulher. Eles se buscam no sono e na vigília. Há atração, fascínio e magia no relacionamento entre eles.

Por que é assim? Para responder a essa questão, elaborou-se um *midraxe-hagadá**. Ele diz o seguinte: Originalmente o ser humano era simultaneamente masculino e feminino. E ao mesmo tempo varão e mulher. No mesmo e único corpo, tinha rosto e aparelho genital masculino na frente e feminino atrás.

Por causa do pecado, diz o *midraxe-hagadá*, Deus cortou este ser ao meio. Assim se separaram o homem e a mulher, cada um com seu respectivo corpo. Por isso, homem e mulher vivem até hoje separados. Mas, por uma paixão inata, eles estão incansavelmente à procura de sua respectiva cara-metade. Sentem-se atraídos um pelo outro. Apaixonam-se mutuamente. Enamoram-se. Amam-se. E, por fim, se casam. Quando se unem amorosamente, fundem-se então um no outro. Tornam-se novamente uma só carne. E assim refazem e fazem o projeto originário de Deus.

Esse *midraxe-hagadá** quer esclarecer a unidade plural do ser humano, masculino e feminino. Dá as razões da separação que os atormenta. Explica a atração que vigora entre eles. E fundamenta a vontade de se fundirem numa só realidade viva, através do amor. Esse amor pode ser tão forte que os faz abandonar pai e mãe e fundar uma nova família.

Vamos, então, na esteira deste gênero literário hebraico, contar nosso *midraxe-hagadá* da águia-galinha.

4
A águia cativa e libertada

Encontrei certa vez um naturalista* que muito sabia de águias. Contei-lhe a história de James Aggrey. Ele ficou entusiasmado com a elegância da narração. Disse-lhe eu: ela bem se aplica à condição humana; mas, para tanto, será necessário enriquecê-la com mais detalhes para torná-la mais desafiadora e fecunda. Quem sabe, acrescentei eu, não deveríamos imitar os antigos mestres hebreus*, que acrescentavam, não para falsificar a história, mas para torná-la melhor? E aí mesmo decidi assumir esta tarefa de acrescentar para melhorar. Aproveitei a presença do naturalista para colher o maior número possível de dados sobre as águias.

Foi então que ele me falou por mais de duas horas sobre elas. Quantos tipos de águias existem. Onde vivem. Como são seus hábitos. Como se enamoram. Como criam os filhotes. E como terminam seus dias.

Falou-me da águia brasileira, *Harpia harpyja*, chamada pelos índios de uiraçu e *canoho*, outrora senhora dos ares. Hoje, acuada pelo desmatamento selvagem, sobrevive nas florestas acima da linha do equador, na região amazônica. Ela é imponente, com um disco facial de penas e um soberbo cocar* por sobre a cabeça, que se eriça ao menor ruído, conferindo-lhe majestade imperial. Este cocar é imitado pelos chefes indígenas, que desta forma querem simbolicamente reforçar sua autoridade.

Nessa espécie, as aves são muito grandes, chegando a fêmea a pesar de sete a dez quilos e o macho de quatro e meio a seis quilos.

Já se passaram muitos anos depois de nossa conversa. Nunca mais vi esse naturalista*. Mas guardei bem na memória os principais dados e no coração a semente de um fascínio por seu simbolismo. Para desenvolvê-los, muito andei por bibliotecas e livrarias, em busca de mais informações. Encontrei vários livros especializados, não só em nosso idioma, mas também em outras línguas. Assim, muito aprendi sobre as águias e delas tirei instrutivas lições para a vida.

Eis, então, a minha história recriada como um *midraxe-hagadá**:

Águias fazem ninhos no alto das montanhas, em fendas bem abrigadas. Ou nos topos mais elevados de árvores da floresta, lá onde ninguém pode chegar. Esses ninhos são usados muitas e muitas vezes. Ano após ano, a águia volta para botar aí dois ou três ovos. E os ninhos são sempre acrescidos com novos galhos e folhas verdes. Não raro, têm dimensões consideráveis: um metro de altura, três de comprimento e dois de largura. A base é feita de galhos grossos, forrada de folhas macias, às vezes com folhas de eucaliptos para perfumar a casa e afugentar insetos. As águias são cuidadosas na construção de seu habitat.

1. Como vivem as águias

A águia-fêmea choca somente dois ovos. A águia-macho é coadjuvante nesta tarefa familiar de incubação, que dura de 43 a 45 dias. Nasce então um primeiro filhote. Três a quatro dias após, o segundo. Aí o filhote mais velho comete um aguicídio*: bica o irmãozinho recém-nascido até matá-lo. Somente um em quatro filhotes sobrevive ao ataque do irmão mais velho. Essa crueldade é um mistério da natureza. Talvez se ordene à garantia do equilíbrio ecológico, já que as águias são predadoras vorazes a ponto de ameaçar a existência de outras espécies como as preguiças, os preás e outros animais de pequeno porte.

Quando filhote, a águia se alimenta do que lhe é trazido já semidigerido no papo dos pais. Aos poucos vão trazendo presas maiores, picadas em pedaços. Por fim, entregam-lhe um coelho inteiro para que sozinha o despedace e coma.

Com a idade de 75-80 dias, a águia-filhote já está adulta, do tamanho dos pais. Está madura para voar com independência. Já tem os olhos de lince, o bico encurvado, a língua dura e forte como pedra. Já lhe cresceram todas as penas, especialmente as das pernas. Esta é uma das características pelas quais se diferencia de seus primos, como o falcão e outras aves carnívoras da mesma espécie. Todos estes têm os pés descobertos. A águia não. Os trinta tipos conhecidos de águias *(Aquila rapax, Aquila audax, Aquila verreauxii, Hieraetus billicosus, Spizaetus coronatus, Harpia harpyja)* têm penas cobrindo inteiramente as pernas até os pés. Agora está pronta para ganhar o azul do céu, sobrevoar as montanhas mais altas, enfrentar ventos e tempestades.

Uns dias antes de voar, pode-se ver a águia-filhote acercando-se das bordas do ninho. Espia para o abismo, pois lá embaixo, no chão, estão os animais que vai caçar. Ou para o profundo dos céus, para a infinita liberdade, onde seus pais estão circulando, ao sabor dos ventos. Se os olhos estão fixados no chão, é nas alturas que tem o coração.

2. Como se enamoram e se acasalam as águias

O casal de águias entretém uma relação de fidelidade por toda a vida. Juntos caçam, juntos montam o ninho, juntos incubam os ovos e juntos buscam alimento para os filhotes. Como entre os humanos, o casal de águias não copula apenas para multiplicar a espécie ou em certos períodos do ano por ocasião do cio. Surpreendentemente, copula com frequência. Na fase de enamoramento, até oito vezes ao dia. Depois de acasalados, se amam em qualquer época do ano, como expressão de companheirismo amoroso.

O enamoramento tem símbolos de grande força. O macho, voando mais alto, se precipita como uma flecha por sobre a fêmea que voa muitos metros abaixo. Ao aproximarem-se, a águia-fêmea se volta sobre o dorso. Fica de peito para cima, expandindo as asas e estendendo as garras na direção da águia-macho. E dá-se então o festival do encontro. A águia-macho, vindo como uma flecha, de súbito paira no ar. Abre as asas e entrelaça suas garras com as garras da águia-fêmea. Assim ficam, ora voando à maneira de bicicleta, ora para frente, ora para os lados, ora deixando-se cair, embevecidos pela paixão, até quase tocarem o solo. Só então se separam e voam em forma de guirlanda, ascendendo para um novo abraço de garras e de volutas no espaço.

Depois se acasalam. Antes, porém, dá-se uma disputa feroz entre dois machos rivais. São lutas renhidas e sangrentas. Podem durar horas. Garras, bicos, asas: eis as armas usadas um contra o outro. Às vezes se entrelaçam no ar, a cem metros de altura. Esvoaçam penas por todos os lados. Despencam enrolados um no outro até perto do chão. E aí se largam. Ganham novamente altura e, revezando ataques mútuos, retomam a disputa. Às vezes rolam no chão, numa nuvem de pó e de penas, num estardalhaço sanguinário. Até que um macho, precipitando-se com fúria e violência sobre o outro, consegue atingi-lo profundamente. A luta termina quando um se dá por vencido e ganha os longes do céu, fugindo.

Conquistada a noiva, a águia-macho ganha como troféu o seu território demarcado. E lá vive o casal voando e caçando por muitos e muitos anos, felizes até que a morte os separe. Uma águia vive cerca de trinta anos.

3. Como uma águia virou galinha

Durante o tempo de crescimento no ninho podem ocorrer acidentes. Uma rocha se desprende carregando tudo consigo, ninho e filhotes. Pois assim, certa feita, infelizmente, ocorreu. E aqui começa nossa história.

Numa tarde sonolenta de verão, voltava um criador de cabras, do alto de uma planura verde, na floresta atlântica do norte do estado do Rio de Janeiro. Ao pé da montanha por onde passava encontrou, de repente, um ninho de águias todo estraçalhado. Semicoberta de gravetos, uma jovem águia, ferida na cabeça. Parecia morta, toda ensanguentada. Era uma águia rara, a águia-harpia brasileira, ameaçada de extinção.

Recolhendo-a com cuidado pensou:

— Vou levá-la ao meu vizinho que é um amante de pássaros. Gosta de empalhar gaviões, garças, patos selvagens e veados. Talvez ele queira empalhar este filhote de águia!

E assim fez, pois o caminho passava junto à casa do empalhador. Este acolheu alegremente o criador de cabras. Ficou admirado por se tratar de uma águia-harpia, rara naquela região. Encheu-se de pena dela. Também ele supôs que estivesse morta. Colocou-a ternamente debaixo de uma cesta.

Amanhã vou empalhá-la, matutou resignadamente consigo mesmo. Embora pequena, vai ser uma ave soberba depois de empalhada, enchendo de grandeza qualquer sala!

No dia seguinte, teve grata surpresa. Ao retirar o cesto, percebeu que a águia se mexia levemente. As garras, ainda novas, estavam fechadas. Havia feridas em várias partes do corpo. A águia estava cega.

Novamente sentiu pena da jovem águia. Por misericórdia quase quis sacrificá-la. Pensando com seus botões, encontrava até razões para isso: "Elas matam muitos animais pequenos, especialmente preguiças e macacos. Desequilibram o sistema ecológico circundante, pois cada casal de águias-harpia precisa de um território exclusivo de caça de cinquenta quilômetros quadrados, com incursões num raio de mais de trezentos quilômetros".

Lembrou-se de ter lido nos jornais que, há algum tempo, na região amazônica, foram encontrados perto de um ninho restos de quarenta lebres e de mais de duzentos patos devorados por elas. Sabia até que, na Austrália, as águias são mortas às centenas por serem prejudiciais aos cangurus e a outros pequenos animais. Como lá não existem abutres, são elas que comem animais putrefatos. Por isso são tão numerosas. Lera numa revista sobre aves de rapina que, entre 1950-1959, foram sacrificadas 120 mil águias australianas.

Pensava em tudo isso como justificativa do atentado que, piedosamente, queria cometer. Mas nisso lembrou-se da tradição espiritual de Buda* e de São Francisco*. Eles viviam e pregavam uma ilimitada compaixão por todos os seres que sofrem. Recordou-se também da ética ecológica que reza: "bom é tudo o que conserva e promove a vida, mau é tudo o que diminui e elimina a vida". Até uma frase bíblica veio-lhe à mente: "escolha a vida e viverá".

Por todos esses argumentos convenceu-se de que não deveria sacrificar a águia. Decidiu preservá-la. Começou, então, a tratá-la com carinho.

Ela, porém, pouco reagia. Não procurava comida nem andava. Como era colocada, assim ficava. Sem luz e sem sol, a águia não é águia.

Todo dia o empalhador partia-lhe pedaços de carne e a alimentava com dificuldade. Depois de um ano começou a perceber que os seus sentidos despertavam para a vida. Primeiro os ouvidos reagiam felizes ao ruído dos passos, quando lhe traziam carne. Esticava a cauda, geralmente em forma de cunha, e abria as asas alegremente.

Uma águia adulta pode espraiar as asas numa extensão de mais de dois metros. A águia-harpia brasileira tem uma envergadura de asas que vai de 2 a 2,5 metros de uma extremidade à outra. As asas abertas da águia dos Andes, o condor, medem entre 2,9 e 3,5 metros.

Depois começou a mover-se por si mesma. Andava pela sala e pelo jardim. Postava-se sobre um tronco mais alto. Por fim, recuperou sua própria voz, o *kau-kau* típico da águia.

Mas, continuava cega. Os olhos são tudo para uma águia. Seu olhar penetrante vê oito vezes mais que o olho humano. A retina é em parte monocular, orientada para coisas de perto, e em parte binocular, dirigida para as coisas de longe. Vê e controla tudo porque consegue girar a cabeça em 180 graus. Discerne o focinho de um coelho que espia da toca ou uma gazela no meio dos arbustos a mais de 1.600 metros de distância. Então arremete como uma flecha.

Contrariamente ao que se pensa, ela não mata com o bico, mas só com as garras que funcionam como punhais. As garras da águia-harpia são maiores e mais afiadas do que as do urso pardo dos Estados Unidos. O bico tira pedaços de carne com a ajuda da língua, musculosa e forte.

Por fim, o empalhador decidiu colocá-la junto às galinhas. Uma águia não é uma galinha. Mas a galinha pode provocá-la para viver, para locomover-se e, quem sabe, para despertar em si a imagem das alturas e buscar, um dia, o sol. Quem sabe... os olhos poderão renascer?...

Mas há também o risco de a águia esquecer o céu e o vasto horizonte do sol e acomodar-se aos limites estreitos do terreiro das galinhas. Poderá comportar-se como galinha. Será que vai virar galinha?

E foi assim que a jovem águia continuou a ser criada com as galinhas. Durante dois anos circulava, cega, entre elas. Andava com dificuldade, pois suas garras não foram feitas para andar. Ciscava aqui e ali como fazem as galinhas, mas sem poder ver.

Eis que, um belo dia, o empalhador se deu conta de um milagre. A águia via. Sim, via e já distinguia os alimentos.

Seus olhos eram enormes. Na verdade, eles são tão grandes como os olhos humanos, embora uma águia pese 28 vezes menos que um ser humano normal.

Enfim, a águia estava curada e perfeita! Depois de três anos de paciente cuidado, ela recuperara seu corpo de águia. Contudo, à força de viver com galinhas, virara, também ela, uma galinha. Vivia com as galinhas, ciscava com as galinhas, dormia no poleiro com as galinhas. O empalhador, ocupado em seu ofício de empalhar aves, já se acostumara com a águia-galinha entre as demais galinhas. Esqueceu-se dela.

4. Como a galinha-águia despertou

A águia recuperara seu corpo. Mas, e o coração? Será que tinha perdido seu coração de águia? Essa pergunta foi suscitada, um dia, por certo fato curioso.

Certa manhã ensolarada, sobrevoou o galinheiro um casal daquelas águias brasileiras grandes e imponentes. Fez violentos voos rasantes, atraído pelos pintainhos que por lá circulavam despertando seu instinto e apetite.

Foi aquela correria geral. As águias só não caçaram os pintainhos porque o empalhador veio correndo em seu socorro.

Ao perceber o casal de águias no céu, a águia-galinha espalmava as asas, sacudia a cauda e ensaiava pequenos voos. O sol começava a despertar em seus olhos.

Foi então que o nosso empalhador se deu conta. A águia-galinha começava a despertar para o seu ser-águia. Seu coração de águia voltava a pulsar aos poucos.

O casal de águias foi embora em elegantes voos circulares. A águia-galinha se aquietou. Um pouco mais e mais um pouco, enturmou-se às companheiras galinhas. No entanto, algo havia acontecido com ela. Vez por outra, quando águias sobrevoavam o terreiro, virava a cabeça para poder vê-las melhor. Procurava identificar suas verdadeiras irmãs águias. Ensaiava pequenos voos com o ruflar de suas gigantescas asas. Mas logo voltava à sua segunda natureza de galinha-águia.

Nesse momento, o empalhador começou a dar-se conta desses pequenos sinais. Disse consigo mesmo:

– Uma águia é sempre uma águia. Ela possui uma natureza singular. Tem as alturas dentro de si. O sol habita seus olhos. O infinito dos espaços anima suas asas para enfrentar os ventos mais velozes. Ela é feita para o céu aberto. Não pode ficar aqui embaixo, na terra, presa ao terreiro como as galinhas.

Passado um tempo, o empalhador recebeu a visita de um naturalista* amigo. Conversaram sobre as aves da região e foram observar aquela águia tornada galinha. O naturalista ficou perplexo com a capacidade adaptativa da águia. Logo ponderou:

A águia jamais será galinha. Ela possui um coração. E este é de águia. Ele a fará voar. Ela voltará a ser plenamente águia.

Aí mesmo decidiram fazer um teste. Queriam ver o quanto da águia originária ainda vivia dentro da águia-galinha. O empalhador tomou uma proteção de couro para o braço a fim de não ser espetado pelas garras pontiagudas da águia. A muito custo conseguiram pegá-la. O empalhador colocou-a no braço estendido, sustentando seu peso de mais de três quilos. Animado pelo amigo falou-lhe com voz imperiosa:

– Águia, você nunca deixará de ser águia! Você já sobreviveu a tantas desgraças! Você recuperou, um dia, seus olhos. Você é feita para a liberdade e não para o cativeiro. Então, estenda suas asas! Erga-se! E voe para o alto.

A águia parecia abobada. Não fez sequer um movimento. Ao olhar em redor de si, vendo as galinhas comendo milho, deixou-se cair pesadamente. E somou-se a elas.

Encorajado pelo amigo naturalista*, o empalhador não desanimou. Ponderou com ele:

– Uma águia tem dentro de si o chamado do infinito. Seu coração sente os picos mais altos das montanhas. Por mais que seja submetida a condições de escravidão, ela nunca deixará de ouvir sua própria natureza de águia que a convoca para as alturas e para a liberdade!

No dia seguinte, agarrou a águia quando ainda estava no galinheiro. Colocou novamente a proteção de couro e subiu com seu amigo ao terraço de sua casa. Sob o olhar de expectativa do naturalista, disse-lhe com convicção:

– Águia, já que você é e será sempre águia, desperte de seu sono. Liberte sua natureza feita para as alturas. Deixe nascer o sol dentro de você.

Abra suas asas! E voe para o infinito!

A águia parecia totalmente distraída diante de palavras tão comovedoras. Olhou para baixo. Viu as galinhas ciscando o chão e bebendo água no cocho. O empalhador lançou-a lá de cima, na esperança de que voasse. Ela despencou pesadamente. Voou apenas alguns metros, como voam as galinhas. Tentou uma, duas, até três vezes. E a águia não chegava a voar. Comentou com seu amigo naturalista*:

– Efetivamente, nesta galinha-águia, a galinha parece triunfar.

5. Como a galinha-águia voltou a ser águia

Aí ambos se lembraram da importância do sol para os olhos da águia. Ponderou com razão o naturalista*:

– Ela é filha do sol. Desde pequena aprendeu a sorvê-lo pelos olhos. A mãe-águia segura o filhote na direção do sol. Acostuma seus olhos ao resplendor solar. Certamente – asseverou – é por causa disso que as águias, desde pequenas até a idade adulta, têm os olhos com as cores típicas do sol, o amarelo brilhante ou o alaranjado forte. Somente bem mais tarde, à força de olhar para o chão em busca de presas, seus olhos assumem a cor da terra. Tornam-se castanhos.

O empalhador completou estas ideias com a seguinte indagação:

– Não será, por acaso, o sol que irá devolver-lhe a identidade perdida? Reanimar seu coração adormecido?

O naturalista* confirmou-lhe a ponderação.

No dia seguinte, bem cedo, levantaram-se antes de o sol nascer. O amanhecer estava esplêndido. A fímbria das montanhas escuras se destacava do fundo roxo do céu. Do lado do nascente, os primeiros raios douravam o cimo das rochas, avermelhando-as.

Para lá rumaram o empalhador e seu amigo naturalista levando a águia-galinha. Quando chegaram ao alto, o sol despontava, fagueiro, por detrás das montanhas. Os raios eram doces. A natureza despertava ressuscitada do langor da noite.

O empalhador de aves colocou a proteção de couro, sustentou fortemente a águia, e, sob o olhar confiante do naturalista, lhe disse:

— Águia, você que é amiga das montanhas e filha do sol, eu lhe suplico: Desperte de seu sono! Revele sua força interior. Reanime seu coração em contato com o infinito! Abra suas potentes asas. E voe para o alto!

A águia mostrou-se surpreendentemente atenta. Parecia voltar a si depois de um longo esquecimento. Olhou ao redor, viu as montanhas e estremeceu. Por mais que o empalhador a ajudasse, com movimentos para cima e para baixo, ela não superava o medo. Ele não conseguia fazê-la voar.

Então, a conselho do naturalista*, tomou-a firmemente entre as duas mãos e, por bom espaço de tempo, segurou-a pela cabeça na direção do sol. Os olhos da águia se iluminaram. Encheram-se do brilho juvenil do sol, amarelo e alaranjado forte.

— Agora sim ela vai renascer como águia! O sol vai irromper dentro de sua alma! – proclamou entusiasmado o empalhador de aves.

Com voz forte e decidida retornou:

— Águia! Você nunca deixou de ser águia! Você pertence ao céu e não à terra. Mostre agora que você é de fato uma águia. Abra seus olhos. Beba o sol nascente. Estenda suas asas. Erga-se sobre você mesma e ganhe as alturas. Águia, voe!

Segurou-a firmemente pelas pernas emplumadas. Alçou-a para cima. Deu-lhe um último impulso.

Oh, surpresa! A águia ergueu-se, soberba, sobre seu próprio corpo. Abriu as longas asas titubeantes. Esticou o pescoço para frente e para cima, como para medir a imensidão do espaço. Alçou voo. Voou na direção do sol nascente. Ziguezagueando no começo, mais firme depois, voou para o alto, sempre para mais alto, para mais alto ainda, até desaparecer no último horizonte.

Acabara de irromper plenamente a águia até aqui prisioneira da galinha. Finalmente livre para voar, e voar como águia resgatada rumo ao infinito. E assim voou! Voou até fundir-se no azul do firmamento.

5
A águia e a galinha convivem em nós

A história que acabamos de contar no estilo do *midraxe-hagadá** hebreu representa uma poderosa metáfora da existência humana.

Para onde olharmos encontraremos a dimensão-galinha e a dimensão-águia. Elas vêm revestidas de muitos nomes: realidade e sonho, necessidade e desejo, história e utopia, fato e ideia, enraizamento e abertura, corpo e alma, poder e carisma, religião e fé, partícula e onda, caos e cosmos, sistema fechado e sistema aberto, entre outros.

1. Complexidade: a estrutura básica do universo

Todos esses pares são expressões da complexidade de uma mesma e única realidade. *Complexidade* é uma das características mais visíveis da realidade que nos cerca. Por ela queremos designar os múltiplos fatores, energias, relações, inter-retrorreações que caracterizam cada ser e o conjunto dos seres do universo. Tudo está em relação com tudo. Nada está isolado, existindo solitário, de si e para si. Tudo coexiste e interexiste com todos os outros seres do universo.

A ciência moderna, nascida com Newton*, Copérnico* e Galileu Galilei*, não soube o que fazer com a complexidade. A estratégia foi reduzir o complexo ao simples.

Por exemplo, ao contemplar a natureza, ao invés de analisar a teia de relações complexas existentes, os cientistas tudo compartimentaram e isolaram. Não consideraram relevantes os relacionamentos em todas as direções, para frente, para trás, para dentro e para cima, que todas as coisas e todos os seres (rochas, ventos, águas, florestas, animais, homens e mulheres) estabelecem entre si.

Assim, começaram a estudar só as rochas, ou só as florestas, ou só os animais, ou só os seres humanos. Ou, nos seres humanos, só as células, só os tecidos, só os órgãos, só os organismos, só os olhos, só o coração, só os ossos etc. Desse estudo nasceram os vários saberes particulares e as várias especialidades. Ganhou-se em detalhe, mas perdeu-se a totalidade. Houve um formidável esquecimento do ser em favor do existente. Desapareceu, destarte, a percepção da totalidade e da complexidade.

Não existe a célula sozinha. Ela é parte de um tecido, que é parte de um órgão, que é parte de um organismo, que é parte de um nicho ecológico, que é parte de um ecossistema, que é parte do Planeta Terra, que é parte do Sistema Solar, que é parte de uma galáxia, que é parte do cosmos, que é uma das expressões do Mistério ou de Deus. Tudo tem a ver com tudo. A complexidade procura respeitar essa totalidade orgânica, feita de relações em rede e de processos de integração.

A natureza e o universo não constituem simplesmente o conjunto dos objetos existentes, como pensava a ciência moderna. Constituem, sim, uma teia de relações, em constante intenção, como os vê a ciência contemporânea. Os seres que interagem deixam de ser apenas objetos. Eles se fazem sujeitos, sempre relacionados e interconectados, formando um complexo sistema de inter-retrorrelações. O universo é, pois, o conjunto das relações dos sujeitos.

As dualidades antes referidas são dimensões da mesma e única realidade complexa. Formam uma dualidade, mas não um dualismo. Errôneo seria confundir dualidade com dualismo.

O dualismo vê os pares como realidades justapostas, sem relação entre si. Separa aquilo que, no concreto, vem sempre junto. Assim, pensa o esquerdo *ou* o direito, o interior *ou* o exterior, o masculino *ou* o feminino.

A dualidade, ao contrário, coloca *e* onde o dualismo coloca *ou*. Enxerga os pares como os dois lados do mesmo corpo, como dimensões de uma mesma complexidade. Complexo é tudo aquilo que vem constituído pela articulação de muitas partes e pelo inter-retrorrelacionamento de todos os seus elementos, dando origem a um sistema dinâmico sempre aberto a novas sínteses.

Elencamos abaixo alguns exemplos de realidades complexas, onde aparecem a dualidade e as dimensões de águia e de galinha.

a) A realidade feita de caos e de cosmos

A ciência contemporânea, a partir da nova física, da biologia molecular, da Teoria Geral dos Sistemas, da informática, da psicologia transpessoal e do desenvolvimento da ecologia, se convenceu da importância da relação caos-cosmos, desequilíbrio-equilíbrio, desordem-ordem, na constituição do universo e na construção do humano.

Havia inicialmente um concentrado inimaginável de matéria-energia em perfeito equilíbrio. Sem sabermos por que, ocorreu o *big bang**. Este significa a explosão potentíssima daquele concentrado, lançando energia e matéria em todas as direções. O *big bang* expressa, assim, uma primeira e incomensurável instabilidade, um caos de dimensões incalculáveis. Tudo explode e se expande. A explosão significa a irrupção da desordem. A expansão, porém, significa a constituição da ordem. O universo, cada ser, cada coisa, contêm dentro de si os dois movimentos, o caos (desordem) e o cosmos (ordem).

O caos não é simplesmente "caótico". Ele se mostra generativo e autocriativo. Abre espaço para a organização e para a constituição de ordens cada vez mais elegantes (cosméticas) e portadoras de sentido.

A situação atual é esta: o universo não é totalmente caótico, nem totalmente cosmético. É a combinação de ambos. Ele se apresenta ordenado a ponto de provocar o fascínio e a veneração dos maiores cientistas como Newton*, Einstein* e Prigogine*, e de cada um de nós, simples admiradores da criação.

Ao mesmo tempo, essa ordem é frágil, submetida ao desequilíbrio e à situação de caos. Assim é o caminhar de todas as coisas: ordem-desordem-interação-nova ordem. O caos nunca é absoluto e a ordem, jamais estável. Tudo está em processo permanente e aberto, em busca de um equilíbrio dinâmico. Por isso falamos, com razão, de cosmogênese* e de antropogênese*. Quer dizer, em gênese do cosmos e em gênese do ser humano. Eles estão ainda em processo de nascimento. Não acabaram ainda de nascer. Não são perfeitos, mas perfectíveis. Esse processo, na medida em que avança, tende a criar mais e mais diversidades e, com isso, a reforçar a complexidade.

Ilya Prigogine, Prêmio Nobel de 1977, e sua equipe em Bruxelas e em Austin, nos Estados Unidos, tiveram o mérito de mostrar que a ordem se faz através da flutuação (desordem, distância do equilíbrio). Essa lei não vale apenas para os seres vivos de sistemas abertos que sempre intercambiam com o meio, realimentam e refazem o equilíbrio dinâmico. Constitui, sim, o mecanismo principal do processo evolucionário em todos os domínios, nos campos energéticos, nos átomos, nas galáxias, nos sistemas biológicos, nas sociedades humanas, nas culturas e nas pessoas.

Desta forma, se tem hoje uma visão unificada da evolução que se estrutura na dinâmica tensa entre caos e cosmos, ordem e desordem. Sempre na busca de um equilíbrio dinâmico, capaz de realizar novas virtualidades presentes na criação.

Tal visão nos ajuda a iluminar o espinhoso problema do mal. Na perspectiva cosmogênica* e dinâmica, o mal é uma condição originária. A Força Criadora-de-tudo faz e fez surgir os seres mais diversos, todos provisoriamente incompletos. Eles se veem enredados na necessidade intrínseca de passar por vários estágios até chegar à sua plenitude possível. Nesse sentido, no nível humano, pecado seria rechaçar esta dinâmica, não querer crescer e resistir ao oferecimento de mais ordem e de mais vida.

b) A realidade como onda e como partícula

Além da dualidade caos-cosmos, existe a outra, a partícula-onda. Esta se apresenta também na própria estruturação da realidade, assim como é entendida pela ciência contemporânea.

Na década de 1920, cientistas como Niels Bohr*, Werner Heisenberg*, fundadores da física quântica, e Albert Einstein*, com sua Teoria da Relatividade, construíram uma nova compreensão da estrutura da matéria. Os seres todos do universo não estão simplesmente justapostos uns aos outros ou aí jogados como bolas de bilhar se entrechocando. Eles constituem sistemas muito bem articulados onde todos têm a ver com todos.

Mais ainda. Eles são energia, densificada e estabilizada dentro de campos energéticos, sempre em movimento e em relação com outros. Todos os elementos atômicos e subatômicos apresentam um comportamento dual. Ora se comportam como partículas materiais, com massa concretizada num ponto específico do espaço, ora se comportam como ondas que se espraiam em feixes em todas as direções.

O observador humano está inserido intimamente em todo esse processo. De tal maneira que ele ajuda a determinar a natureza dos fenômenos. Se ele decide captar ondas, capta efetivamente ondas. Se quer, ao contrário, captar partículas, capta, infalivelmente, partículas.

A luz, por exemplo, constitui um caso paradigmático. Ela pode ser compreendida como onda, que atravessa de ponta a ponta todo o universo. (Quem a empurra? Quem lhe dá velocidade? Eis enigmas ainda não respondidos pela ciência.) Ou, como partícula material, que pode ser retida, estocada e desviada. Como a luz, todos os demais fenômenos elementares apresentam a mesma natureza dual, ora de onda energética, ora de partícula material.

Niels Bohr* sugeriu o princípio da complementaridade entre a partícula e a onda, como chave para entender, de forma global, a realidade. Embora pareçam contraditórios, os dois comportamentos de onda e de partícula se complementam. O paradoxo* pertence à dinâmica do universo. Tudo é complementar. A dualidade se insere numa totalidade, conferindo-lhe dinamismo e elegância.

Einstein* demonstrou com genialidade que matéria e energia são intercambiáveis. Matéria pode virar energia. Energia pode condensar-se em matéria. Expressou-o numa fórmula extremamente simples: $E = mc^2$ (energia é igual à matéria quando submetida ao quadrado da velocidade da luz).

c) A unidade complexa corpo-alma

Também corpo-alma não são duas realidades justapostas do ser humano. São duas dimensões do único e complexo ser humano. Como consequência, não deveríamos falar de corpo e de alma, mas de homem-corpo e de homem-alma ou de mulher-corpo e de mulher-alma.

Cada um é totalmente homem/mulher-corpo na medida em que tem exterioridade. Que vive dentro de um certo sistema ecológico, no mundo concreto de uma raça, de um país, de uma parentela, de uma profissão. Que tem necessidade de comer, beber, vestir, morar, fazer amor. Que se encontra territorializado* pelo espaço e pelo tempo e submetido ao processo de desgaste da força vital até o seu lento e completo esgotamento pela morte. Na nossa metáfora*, essa dimensão-corpo corresponde, em nós, à dimensão-galinha.

Ao mesmo tempo, cada um é totalmente homem/ mulher-alma na medida em que possui interioridade. Que capta a ressonância das coisas dentro de si, que experimenta e não apenas sabe e que se sente conectado com o cosmos como um todo dinâmico. Que se move no ilimitado do desejo, do sentimento, do amor e do pensamento. Que faz a ultrapassagem de todos os limites do espaço e do tempo (pelo espírito, habitamos as estrelas e temos o universo dentro de nós). Que pode entreter uma relação de intimidade para com a realidade suprema, Deus. E a dimensão-alma que corresponde em nós à dimensão-águia.

O ser humano é uno e complexo, constituído de corpo e alma. Ele não tem corpo e alma. É corpo e alma. Pertence ao lado trágico de nossa cultura ocidental ter separado corpo e alma. Essa separação ocasionou, por um lado, o surgimento de uma cultura materialista assentada exclusivamente sobre o corpo, entendido como um objeto sem profundidade (alma). O império dos sentidos, do desfrute, da utilização das coisas para benefício do ser humano: o domínio da galinha.

Por outro, favoreceu uma cultura espiritualista, baseada exclusivamente no espírito, na experiência subjetiva, desenraizada da matéria, pairando soberanamente sobre a densidade do real. Espírito feito refém de suas ideias, projeções e teorias, alienado da luta cotidiana e comum dos mortais. É o reino da águia.

"Galinismo"* e "aguiismo"*, materialismo e espiritualismo, positivismo e utopismo, derivam desse desvio da antropologia ocidental. Ao invés de expressar a complexidade da única e mesma realidade humana, essas categorias de pensamento acabaram por reduzi-la e por dividi-la. Criaram disjunções falsas e oposições excludentes: a galinha de um lado e a águia do outro. O corpo e a matéria de um lado e o espírito e a alma do outro. E, o que é grave, em guerra entre si. Perdeu-se a complexidade e o jogo das relações de tudo com tudo. A matéria não é espiritualizada e o espírito não é corporalizado.

Vejamos um exemplo. Posso e devo analisar o Emanuel em sua complexidade concreta: brasileiro, branco, escolarizado, casado, taxista, torcedor do Fluminense, católico. Mora no subúrbio popular e é entusiasta da floresta vizinha, que frequentemente visita com os amigos, recolhendo latas de coca-cola dos caminhos e abraçando árvores como fazem os chineses. Posso acrescentar mil outros dados concretos de sua vida e prática. É o Emanuel na sua dimensão-galinha, definido e enquadrado em uma realidade concreta e complexa.

Mas o Emanuel não é apenas essa dimensão. É uma fonte inesgotável de virtualidades e possibilidades: pode mudar de nacionalidade, divorciar-se, tornar-se um chofer de caminhão, torcer pelo Flamengo e converter-se ao candomblé. Quem sabe, pode, por uma feliz oportunidade, revelar-se um artista de cinema, um excelente pintor retratista ou um poeta repentista. Pior, pode transformar-se num bandido, assaltante de banco ou assassino de crianças de rua. Pode também passar por uma crise religiosa. Fazer-se monge zen-budista, tornar-se um mestre espiritual e um santo.

Tudo isso compõe a realidade virtual do Emanuel. É o Emanuel na sua dimensão-águia.

A primeira dimensão – galinha – funda o positivismo. A segunda – a águia – o idealismo. Erro seria separar o que em Emanuel vem junto: sua dimensão discernível, concreta e palpável – galinha. Ou, sua dimensão possível, virtual e utópica – águia.

Não podemos fragmentar o Emanuel real. Ele é tudo isso, junto e simultaneamente, galinha e águia. Analisá-lo apenas por um ângulo é fazer-lhe injustiça. Ou o sepultaríamos em sua condição concreta, sem deixá-lo romper a estreiteza do galinheiro, condenando-o à situação-galinha. Ou o deixaríamos em suas possibilidades e promessas, sem criar-lhe condições de realização concreta, tolhendo-lhe sua dimensão-águia.

O factual e o virtual são simultâneos. O virtual pertence ao real, ao seu lado possível. O real é o virtual realizado, antecipado e historiado dentro das condições de nosso espaço-tempo. Portanto, sempre de forma delimitada e territorializada*.

O que dissemos aqui da dimensão corpo/alma, podemos também dizer dos outros pares ou dualidades referidas acima.

d) A unidade complexa fé-religião

A mesma dialética ocorre entre religião e fé. A religião é concreta. Possui credo, moral, teologia, santos e santas, hierarquia, templos, festas, ritos e celebrações. Não é permitido, por exemplo, celebrar publicamente uma missa católica de qualquer maneira, sem seguir o rito oficial. É a dimensão-galinha.

Mas existe a fé que significa o encontro vivo com Deus. Aqui não valem normas. Emudecem as palavras. Cessam as imagens. E empalidecem as celebrações, em face da grandeza transbordante de Deus. Diante da suprema Alteridade e do eterno Amor, o ser humano muda o estado de consciência. Entra num estado místico. Tudo fica numinoso* e carregado de energia divina. Deixa o universo para trás e se entrega reverente e silenciosamente ao Mistério. Ou estabelece um diálogo direto com o Supremo, onde palavras e conceitos eventualmente usados ganham uma significação transfigurada e metafórica*. Dessa experiência nasce toda a criatividade própria dos mestres do Espírito. É a dimensão-águia.

Por trás de toda religião institucionalizada se esconde a experiência espiritual de alguém que vivenciou a Realidade última. Assim o foi com Buda*, Moisés*, Jesus, Maomé*, Rumi*, São Francisco de Assis*, o Mestre Eckhart*, São João da Cruz*, Santa Teresa*, Gandhi*, Thomas Merton*, Simone Weil*, Dom Helder Câmara, Madre Teresa de Calcutá*, Dom Oscar Arnulfo Romero*, assassinado diante do altar em El Salvador, na América Central, e outros tantos.

Função da religião é criar as condições para que cada pessoa possa realizar seu mergulho no Ser e encontrar-se com Deus, Útero de infinito aconchego e paz.

A religião representa a dimensão-galinha; a fé, a dimensão-águia. Ambas convivem e juntas devem colocar-se a serviço do ser humano e de Deus.

e) A unidade complexa ética-moral

Consideremos a tensão de uma outra dualidade, a ética e a moral. Talvez a etimologia das palavras ética e moral iluminem essa complexidade.

Ethos – ética, em grego – designa a morada humana. O ser humano separa uma parte do mundo para, moldando-a ao seu jeito, construir um abrigo protetor e permanente. A ética, como morada humana, não é algo pronto e construído de uma só vez. O ser humano está sempre tornando habitável a casa que construiu para si.

Ético significa, portanto, tudo aquilo que ajuda a tornar melhor o ambiente para que seja uma moradia saudável: materialmente sustentável, psicologicamente integrada e espiritualmente fecunda.

Na ética há o permanente e o mutável. O permanente é a necessidade do ser humano de ter uma moradia: uma maloca indígena, uma casa no campo e um apartamento na cidade. Todos estão envolvidos com a ética, porque todos buscam uma moradia permanente.

O mutável é o estilo com que cada grupo constrói sua morada. É sempre diferente: rústico, colonial, moderno, de palha, de pedra... Embora diferente e mutável, o estilo está a serviço do permanente: a necessidade de ter casa. A casa, nos seus mais diferentes estilos, deverá ser habitável.

Quando o permanente e o mutável se casam, surge uma ética verdadeiramente humana.

Moral, do latim *mos, mores*, designa os costumes e as tradições. Quando um modo de se organizar a casa é considerado bom a ponto de ser uma referência coletiva e ser reproduzido constantemente, surge então uma tradição e um estilo arquitetônico. Assistimos, ao nível dos comportamentos humanos, ao nascimento da moral.

Nesse sentido, moral está ligada a costumes e a tradições específicas de cada povo, vinculada a um sistema de valores, próprio de cada cultura e de cada caminho espiritual.

Por sua natureza, a moral é sempre plural. Existem muitas morais, tantas quantas culturas e estilos de casa. A moral dos yanomamis é diferente da moral dos garimpeiros. Existem morais de grupos dentro de uma mesma cultura: são diferentes a moral do empresário, que visa o lucro, e a moral do operário, que procura o aumento de salário. Aqui se trata da moral de classe. Existem as morais das várias profissões: dos médicos, dos advogados, dos comerciantes, dos psicanalistas, dos padres, dos catadores de lixo, entre outras. Todas essas morais têm de estar a serviço da ética. Devem ajudar a tornar habitável a moradia humana, a inteira sociedade e a casa comum, o Planeta Terra.

Existem sistemas morais que permanecem inalterados por séculos. São renovadamente reproduzidos e vividos por determinadas populações ou regiões culturais. Assim, a poligamia entre os árabes e a monogamia das culturas ocidentais. Por sua natureza, a moral se concretiza como um sistema fechado.

De que forma se articulam a ética e a moral? Respondemos simplesmente: a ética assume a moral, quer dizer, o sistema fechado de valores vigentes e de tradições comportamentais. Ela respeita o enraizamento necessário de cada ser humano na realização de sua vida, para que não fique dependurada das nuvens.

Mas a ética introduz uma operação necessária: abre esse enraizamento. Está atenta às mudanças históricas, às mentalidades e às sensibilidades cambiáveis, aos novos desafios derivados das transformações sociais. Ela impõe exigências a fim de tornar a moradia humana mais honesta e saudável. A ética acolhe transformações e mudanças que atendam a essas exigências. Sem essa abertura às mudanças, a moral se fossiliza e se transforma em moralismo.

A ética, portanto, desinstala a moral. Impede que ela se feche sobre si mesma. Obriga-a à constante renovação no sentido de garantir a habitabilidade e a sustentabilidade da moradia humana: pessoal, social e planetária.

Concluindo, podemos dizer: a moral representa um conjunto de *atos*, repetidos, tradicionais, consagrados. A ética corporifica um conjunto de *atitudes* que vão além desses atos. O ato é sempre concreto e fechado em si mesmo. A atitude é sempre aberta à vida com suas incontáveis possibilidades. A ética nos possibilita a coragem de abandonar elementos obsoletos das várias morais.

Confere-nos a ousadia de assumir, com responsabilidade, novas posturas, de projetar novos valores, não por modismo, mas como serviço à moradia humana.

Não basta sermos apenas morais, apegados a valores da tradição. Isso nos faria moralistas e tradicionalistas, fechados sobre o nosso sistema de valores. Cumpre também sermos éticos, quer dizer, abertos a valores que ultrapassam aqueles do sistema tradicional ou de alguma cultura determinada. Abertos a valores que concernem a todos os humanos, como a preservação da casa comum, o nosso esplendoroso planeta azul-branco. Valores do respeito à dignidade do corpo, da defesa da vida sob todas as suas formas, do amor à verdade, da compaixão para com os sofredores e os indefesos. Valores do combate à corrupção, à violência e à guerra. Valores que nos tornam sensíveis ao novo que emerge, com responsabilidade, seriedade e sentido de contemporaneidade.

Há pessoas que insistem em morar em suas casas antigas, sem delas cuidar e sem adaptá-las às novas necessidades. Elas deixam de ser o que deveriam ser: aconchegantes, protetoras e funcionais. É a moral desgarrada da ética. A ética convida a reformar a casa para torná-la novamente calorosa e útil como habitação humana. Como o filósofo grego Heráclito dizia: "a ética é o anjo protetor do ser humano".

Por essa *atitude* ética, os *atos* morais acompanham a dinâmica da vida. A moral deve renovar-se permanentemente sob a orientação e a hegemonia da ética. Cabe à ética garantir a moradia humana, sob diferentes estilos, para que seja efetivamente habitável.

2. A Escola de Atenas, de Rafael, e o Mago do Tarô: duas filosofias de vida

Concluamos estas reflexões com a evocação de um famoso quadro do pintor renascentista Rafael*, a *Escola de Atenas*, pintado em 1510. Aí se representam duas figuras decisivas para o paradigma ocidental: Platão* e Aristóteles*. Além de serem dois filósofos maiores, são expressão de dois modos de ser ou de duas filosofias de vida: o realismo e o idealismo, a águia e a galinha.

Platão aponta com uma das mãos para cima, para o ideal, para o céu. Com a outra, segura o livro *Timeu,* onde expõe a primazia das ideias sobre a realidade sensível. É o homem do mundo ideal, da essência perfeita de cada ser, da utopia, dos grandes sonhos, da abertura infinita do ser humano: a águia.

Aristóteles, ao contrário, aponta para baixo, para a realidade empírica, para a terra. Segura o livro *Ética*, no qual apresenta os princípios orientadores para a prática humana rumo à felicidade. E o homem do realismo, dos projetos viáveis, do caminho bem definido, da prática concreta: a galinha.

Ambos têm sua razão de ser. Somente integrando Platão* e Aristóteles*, *céu* e terra, real e ideal, águia e galinha, a vida poderá caminhar com os dois pés: um firme no chão e outro levantado, como quem anda para a frente, na direção certa.

Muitos atualmente são sensíveis aos saberes alternativos, articulados secularmente pela astrologia, pelo jogo do Tarô* ou do I Ching*, entre outros. Neles também emerge a busca do equilíbrio dinâmico a partir das duas dimensões. A primeira carta do Tarô representa a figura do Mago. Ele está em pé sobre duas pernas bem firmes no alto de uma montanha. Uma mão aponta para o céu; a outra, para a terra. Em seu chapéu se vê um oito deitado, símbolo matemático do infinito. Sua vestimenta é colorida, metade de uma cor e metade de outra. Sobre a mesa estão seus instrumentos de magia: um bastão, um cálice, uma espada com cabo em cruz, uma moeda. Debaixo da mesa cresce uma flor, expressão da energia da vida e do universo.

Ele é um ícone da existência humana distendida entre o céu e a terra, entre o finito e o infinito, entre o material e o espiritual. Representa o desafio de construir um centro que acolha e dinamicamente sintetize as duas partes. Por isso ele é mago, pessoa capaz de transformar alquimicamente* as partes dentro de um todo orgânico: o material com seu peso e espessura e o espiritual com sua leveza e sentido. Uma vez mais a águia e a galinha buscando uma centralidade que confira, simultaneamente, dinamismo, concreção e transparência à vida humana.

3. Sistemas fechados e abertos

Finalmente queremos chamar atenção para a estrutura básica que preside a todos os fenômenos, especialmente os vitais: seu caráter fechado e, ao mesmo tempo, aberto.

Na verdade, tudo vem inserido dentro de sistemas de energias e de relações. Sistema significa um conjunto articulado de inter-retrorrelacionamentos entre partes constituindo um todo orgânico. Ele é mais do que as próprias partes, um sistema dinâmico sempre buscando seu equilíbrio e se autorregulando permanentemente. Todo sistema apresenta essas duas facetas: por um lado, é fechado e, por outro, aberto.

É fechado porque constitui uma realidade consistente, com sua relativa autonomia, dotado de uma lógica interna pela qual se auto-organiza e se autorregula. É a vigência da dimensão-galinha.

É aberto porque se dimensiona para fora. Constituindo uma teia de interdependência com outros seres e com o meio circundante. Dando e recebendo. Trocando informações no seio de uma imensa solidariedade ecológica, terrenal e cósmica. Tudo está ligado a tudo. É a presença da dimensão-águia.

A menor das partículas elementares, o *top-quark*, o conglomerado galáctico da Virgem que engloba mil outras galáxias, Robinson Crusoé* solitário em sua ilha, um habitante de uma grande cidade imerso na multidão, todos estão enredados uns nos outros, pelos outros, com os outros e para os outros. Constituem o incomensurável tecido terrenal e cósmico. *Aberto*: em cosmogênese*, em expansão e em evolução (águia). *Fechado*, porque formado por corpos celestes relativamente autônomos como estrelas, nosso sol e planetas, nossa Terra, com seus diferentes povos e suas múltiplas religiões, com pessoas singulares em suas histórias próprias (a galinha).

4. O desafio maior: fazer conviver a águia com a galinha

Fazer conviver a águia e a galinha dentro de cada um de nós: eis a questão. Cumpre buscar o caminho do meio ao dar a cada uma a sua importância. Mas cuidado! Sem jamais dissociá-las. Então emerge o arquétipo* da síntese e da totalidade dinâmica, tão buscado pelo coração humano.

Ai de nós, se nos contentarmos em ser somente galinhas, se permitirmos que nos reduzam a simples galinhas: encerrados em nosso pequeno mundo, de interesses feitos e de parcos desejos, com um horizonte que não vai além da cerca mais próxima. Não disse o poeta Fernando Pessoa*: "eu sou do tamanho do que vejo e não do tamanho de minha altura"?

Somos galinhas, seres concretos e históricos. Mas jamais devemos esquecer nossa abertura infinita, nossa paixão indomável, nosso projeto infinito: nossa dimensão-águia.

Ai de nós, se pretendermos ser apenas águias que voam nas alturas, que enfrentam as tempestades e têm como horizonte o sol e o infinito do universo. Acabaremos morrendo de fome. A águia, por mais que voe nas alturas, é obrigada a descer ao chão para se alimentar, caçar um coelho, uma preguiça ou qualquer outro animal. Somos águias. Mas devemos reconhecer nosso enraizamento numa história concreta, numa biografia irredutível com suas limitações e contradições: nossa dimensão-galinha.

Sejamos galinhas e águias: realistas e utópicos, enraizados no concreto e abertos ao possível ainda não ensaiado, andando no vale, mas tendo os olhos nas montanhas. Recordemos a lição dos antigos: se não buscarmos o impossível (a águia) jamais conseguiremos o possível (a galinha).

5. A hora e a vez da águia

Momentos há em que se impõe articular as relações e realizar a síntese a partir da realidade da águia. Outros, a partir da realidade da galinha.

O que determina ser mais galinha ou mais águia? Certamente, não a veleidade de cada um ou o bel-prazer do momento.

Originalmente, cada ser humano tem uma estrutura básica que se manifesta mais como águia em alguns, mais como galinha em outros. Cada um precisa escutar essa natureza interior, captar a águia que se anuncia ou a galinha que emerge. Após escutá-las, importa usar a razão para ver claro e o coração para decidir com inteireza. Somente assim se conquistará a promessa de um equilíbrio dinâmico.

Num segundo momento faz-se mister escutar os desafios da realidade, desafios que afetam cada pessoa. Eles cobram opções e decisões que marcam biografias e definem destinos. Se a pessoa não obedecer ao chamado do real, não será fiel ao tempo, nem a ela mesma. E perderá a chance de criar um centro fecundo, convergência das duas escutas: da natureza exterior e da natureza interior.

Qual a maior exigência, no momento atual da humanidade e do nosso planeta, que devemos sem falta captar? Das duas, qual deveria ser mais evocada: a águia ou a galinha? Ousamos responder com veemência: a águia. E seríamos capazes de repetir ainda uma vez: a águia.

Explicaremos abaixo as razões de nossa contundência.

Assistimos ao esforço fantástico dos monopolizadores do ter, do saber e do poder para nos reduzir a simples galinhas. Para nos manter somente nos limites estritos do galinheiro e do terreiro. Para nos subordinar aos seus interesses. Eles são os principais responsáveis pelas ameaças de devastação e de autodestruição que pesam sobre a Terra e sobre toda a humanidade. Para continuar a usufruir dos privilégios usurpados, se fazem surdos ao clamor dos milhões e milhões de sofredores de todo o mundo e surdos ao grito lancinante da Terra. Atrevem-se a sufocar nossa águia interior, águia que nos impulsiona a gritar, a protestar, a resistir e a buscar caminhos de libertação.

Eis aí o grande desafio: salvaguardar a águia, sua sagrada significação para o destino humano de fazer-nos voar rumo ao espaço aberto.

Não aceitamos permanecer somente na dimensão-galinha, obedientes aos mandos dos que nos querem submeter e controlar. Rejeitamos o comodismo, o conformismo, o pragmatismo* porque significam formas de fuga aos desafios atuais. Repelimos veementemente o pretenso realismo histórico* daqueles que apenas reproduzem o paradigma* civilizacional da dominação, causador de tantos sofrimentos e lágrimas à maioria da humanidade, hoje empobrecida e excluída. Porque simplesmente prolonga e agrava a crise atual, ao invés de enfrentá-la com alternativas mais esperançadoras de vida e de sustentabilidade para os humanos e para a Terra.

Este cenário dramático denuncia a ilimitada voracidade desse paradigma de tudo controlar e de tudo submeter. Está colocando em xeque o futuro de nosso Planeta Terra. Este corre o risco de um infarto ecológico de dimensões globais. Se ele vier a ocorrer, poderemos conhecer o caminho dos dinossauros há 67 milhões de anos: a devastação e a destruição.

É a hora e a vez da águia. Despertemo-la. Ela está se agitando nas mentes e nos corações de muitos. Não só. Ela anima a história e penetra na própria realidade íntima de cada ser humano.

Uma águia nunca voa só. Vive e voa sempre em pares. Importa aqui recordar a lição de um mestre do Espírito. O ser humano-águia é como um anjo que caiu de seu mundo angelical. Ao cair, perdeu uma de suas asas. Com uma só asa não pode mais voar. Para voar tem de abraçar-se a outro anjo que também caiu e perdeu uma asa. Em sua infelicidade, os anjos caídos mostram-se solidários. Percebem que podem ajudar-se mutuamente. Para isso, devem se abraçar e completar suas asas. E só assim, abraçados e juntos, com a asa de um e de outro, podem voar. Voar alto rumo ao infinito do desejo.

Sem solidariedade, sem compaixão e sem sinergia*, ninguém recupera as asas da águia ferida que carrega dentro de si. Um fraco mais um fraco não são dois fracos, mas um forte. Porque a união faz a força.

Uma asa mais uma asa não são duas asas, mas uma águia inteira que pode voar, ganhar altura e recuperar sua integridade e sua libertação.

6
Libertar a águia em nós

O *midraxe-hagadá** da águia e da galinha e as reflexões que fizemos anteriormente suscitam questões que demandam esclarecimentos. Elas pertencem à agenda permanente do ser humano.

Por que a águia caiu de seu ninho e ficou ferida? Por que foi reduzida à condição de galinha? Por que nós humanos somos seres instáveis e decadentes?

Foi uma graça a águia ter encontrado um bom samaritano que a ajudou a recuperar os sentidos e voltar a ser plenamente sadia. Qual a importância da solidariedade, da compaixão e da sinergia* na construção do humano?

Foi indispensável que alguém despertasse a galinha-águia para reacender-lhe o fogo interior de sua identidade. Qual a função da conscientização no processo de individuação*?

O sol despertou na águia sua identidade. Qual a importância da irrupção do Sol e da experiência do Numinoso* para a pessoa?

A águia, plenamente águia, voou tão alto que se fundiu com o azul do firmamento. Qual o quadro final do projeto humano? Qual o termo de seu incansável buscar?

1. Heróis e heroínas de suas próprias sagas

A história da águia e da galinha nos evoca o processo de personalização* pelo qual todo ser humano passa. Não recebemos a existência pronta. Devemos construí-la progressivamente. Há uma larga tradição transcultural que representa a caminhada do ser humano, homem e mulher, como uma viagem e uma aventura na direção da própria identidade.

Como em qualquer jornada há riscos: incompreensões dos familiares, traições dos amigos, frustrações profissionais e fracassos no amor. Mas também conquistas: a descoberta da amizade, o florescimento do amor, a felicidade de experiências produtivas, o lento amadurecimento e o despontar da sabedoria da vida.

Nas viagens enfrentamos encruzilhadas. Que direção tomar? Somos obrigados a decidir em conformidade com nossos valores e com os grandes sonhos que alimentamos. Nas opções emerge o que somos por dentro: heróis e heroínas, fiéis até o sacrifício pessoal. Ou indecisos, covardes, vítimas de nossa própria omissão.

Ao superar obstáculos e ao encetar transformações necessárias para a conquista de seus ideais, cada um é provocado a ser herói/heroína de si mesmo e de sua própria saga*.

Herói/heroína aqui tem pouco a ver com os estereótipos tradicionais que reduzem o herói/heroína ao combatente de guerra e aos feitos corajosos executados nela. Menos ainda, com os heróis/heroínas das novelas da literatura e da televisão. Na nossa reflexão, herói/heroína é cada pessoa que assume a vida assim como se apresenta com caos e cosmos, com ordem e desordem, com realizações e frustrações, com um buraco interior do tamanho de Deus.

Herói/heroína constitui também um arquétipo* do inconsciente coletivo, presente e atuante dentro de cada um de nós. Numa compreensão psicanalítica, arquétipos são grandes símbolos, paradigmas*, padrões de comportamento acumulados no nosso inconsciente pessoal e coletivo, desde os primeiros albores do espírito. Eles nos orientam na forma como experimentamos as realidades vividas e sentidas.

Os arquétipos são sempre ambivalentes: positivos e negativos. Vêm carregados de emoção e de fascínio. Por isso alguns os representam como deuses e deusas, guias interiores. Dentro de nós falam mediante sonhos, fantasias e representações mentais. Fora de nós, através de mitos, histórias, expressões simbólicas nas artes, na literatura e principalmente nas religiões.

Escutar os arquétipos* significa dar atenção à voz de nossa interioridade e criar espaço para que ela se manifeste. Ela nos obriga a ser críticos e vigilantes em face das contradições e dos excessos dos arquétipos, que podem irromper avassaladores.

O que efetivamente conta não são as coisas que nos acontecem. Mas, sobretudo, a nossa reação frente a elas. Nessa reação irrompe a força irradiadora dos arquétipos. O decisivo são os sentimentos, os valores e as visões que tivermos elaborado em confronto com as venturas e desventuras da vida e o crescimento que elas nos proporcionaram. O arquétipo do herói/heroína nos ajuda a ser heróis e heroínas de nossa própria vida e jornada.

Nesse caminhar, o herói/heroína concreto transcende os limites biográficos. Faz uma experiência universal que o religa aos demais homens e mulheres. Deixa emergirem, então, visões, símbolos e valores universalmente válidos que brotam das profundidades do mistério da vida e dos desejos mais íntimos.

O herói/heroína percorre certas etapas necessárias à construção de sua individuação*. São como eixos existenciais por onde corre e se define a vida. Trata-se de situações humanas que representam desafios, com os quais a pessoa aprende, acumula experiências, integra perspectivas, torna-se madura e, talvez, sábia.

Vamos descrever sucintamente seis situações existenciais que concretizam o arquétipo do herói/heroína. A águia passou por todas elas.

Cada pessoa humana se confronta com o desamparo existencial e com o sentimento de perda. Perda de um ente querido, de uma relação afetiva, de uma casa que se incendiou, de um posto de trabalho. Sente necessidade de uma mão que o levante e de um ombro no qual se possa apoiar com confiança.

É a situação da águia caída e ferida. Ela está entregue aos samaritanos eventuais que passam pela estrada. Muitos simplesmente olham, dão de ombros e seguem seu caminho. Estão preocupados com mil tarefas. Presumem que é mais importante cumpri-las do que cuidar de um desamparado no caminho. Há os que se esquecem de si, de seus afazeres e se enchem de compaixão. Colocam-se na condição do outro. Sentem o seu desamparo e se solidarizam com ele. Salvam a águia ferida.

Em toda situação de abandono está presente uma tentação e uma chance. A tentação consiste nisto: a pessoa não enfrenta o desamparo. Ou culpa sempre os pais, os irmãos e outros por seus fracassos, ou fica esperando a solução, vinda da política, do Estado, da loteria, dos outros e de Deus. Essa atitude esconde sua omissão, sua falta de iniciativa e sua fuga da responsabilidade.

Mas há a chance de a pessoa aceitar o desafio do desamparo e de crescer com ele. Começa por desdramatizá-lo, pois pertence à finitude da vida humana. Não somos onipotentes nem demos a nós mesmos a existência. Vivemos uma pobreza essencial. Dependemos objetivamente dos outros.

Essa situação de dependência não nos humilha porque caracteriza todos os seres do universo. Já o dissemos: estamos todos envolvidos numa teia de inter-retrorrelações. Esta situação, portanto, deve ser assumida sem amargura.

Por outra parte, a pobreza essencial e a interdependência nos abrem para a solidariedade universal. Sendo dependentes, ajudamo-nos uns aos outros na construção coletiva da vida. Ao invés de culpar os outros por nosso desamparo ou de nos omitir de batalhar contra ele, assumimos uma atitude positiva de empenho e de luta.

Por isso não devemos pedir a Deus que nos liberte do abandono. Há que suplicar-lhe forças para enfrentá-lo. Neste enfrentamento surge a figura do herói/heroína: do *aguente*, da *resistência* e da *coragem*.

Como sair do abandono? Que estratégias usar para continuar caminhando? Na resposta a estas questões surge o segundo arquétipo* de herói/heroína: *o caminhante* ou o *peregrino*.

No processo de nossa vida, lentamente vamos conquistando nosso ser, nosso lugar na sociedade, nossa profissão, nossos objetivos de curto e de longo prazo. É uma árdua caminhada. Temos de desenvolver nossos próprios recursos para sermos autônomos na jornada e não onerarmos os demais.

Tal diligência demanda tempo, paciência e autoconfiança. A águia ferida teve de esperar até recuperar lentamente todos os seus sentidos. Entendemos então a verdade cantada pelo poeta: "Caminhante, não há caminho. Faz-se caminho ao caminhar". É a sorte do herói/heroína peregrino.

Viver é lutar. O poeta inspirado ensinava: "A vida é um combate, que os fracos abate, que os fortes e os bravos só quer exaltar". Eis a figura do terceiro tipo de herói/heroína: o *lutador*. Luta defendendo-se. Luta contra os obstáculos que se antolham na caminhada de sua realização. Luta no plasmar da vida e do mundo conforme seus sonhos e suas metas. Nada do que realmente vale se alcança sem esforço e sem fatigante trabalho.

A águia, para resgatar sua identidade, teve que se autossuperar. Vencer o medo inicial. Abrir seus olhos ao Sol. Testar as asas abertas. E arriscar o voo rumo às alturas. O herói/heroína lutador sabe quantas lutas tem demandado historicamente a dignidade humana e a vida autônoma, justa e plena.

Toda luta exige doação, capacidade de renúncia e de sacrifício em favor dos outros e dos sonhos que se quer concretizar. Eis que aparece o quarto arquétipo* do herói/heroína: o *mártir*. O mártir não ama a dor pela dor. Seria dolorismo. Como se diz no martírio de São Martinho de Tours no século IV: "ele não temia morrer nem recusava viver". O mártir aceita a dor, o sofrimento e eventualmente a perseguição e a própria morte como preço a pagar por causas e bens para os quais vale a pena jogar a vida. Sofrer assim é digno. O mártir, que pode ser cada um de nós, crê na lógica da semente: se não conhecer o escuro da terra, se não aceitar morrer, não viverá nem dará fruto. Quem quer conservar a vida, perdê-la-á. Quem ousar perdê-la, ganhá-la-á, enriquecida, de volta. Portanto, é morrendo que se vive mais, é entregando a vida terrenal que se obtém a vida celestial.

Há ainda o quinto arquétipo do herói/heroína: o *sábio*. Sábio tem a ver com saber e com sabor. Não com qualquer saber. Mas com saber que tem sabor. O saber tem sabor quando resulta de experiências, de sofrimentos, de observações dos vaivéns da vida. O sábio vê para além das aparências. Não se deixa iludir por elas. Por isso não tem ilusões. Tem intuições certeiras. Vê dentro das coisas. Capta a verdade profunda que se entrega somente aos atentos. A verdade não é feita de frases corretas, mas de visões que sintonizam o coração com o desejo e o desejo com a realidade. Só quem se abre à realidade e nutre profunda simpatia para com ela tem acesso à verdade. Por isso, só conhecemos verdadeiramente quando amamos. Quando nos fazemos um com a realidade.

O sábio aprende a ver as coisas do ponto de vista do Absoluto. Esse ponto de vista liberta dos enrijecimentos conceptuais e da sedução das ideologias. Consegue ver todos os caminhos como setas que apontam para a meta suprema. Nas muitas religiões, por exemplo, entrevê a religação de tudo com tudo e com a Fonte donde todos os seres jorram. Em consequência dessa atitude, o sábio irradia gravidade e serenidade. Inspira confiança. Desperta, nos que se encontram à sua volta, o fogo interior do entusiasmo sagrado pela verdade, pela transparência e pelo despojamento.

O arquétipo* do sábio nos conduz à última expressão do herói/heroína arquétipo: o *mago*. Refletimos já sobre o Mago do Tarô*. Vimos como está conectado com as energias secretas do universo. Como transforma o mundo convencional em mundo mágico. Como transfigura os fracassos em sabedoria. Como recompõe a imagem quebrada em mil pedaços.

O mago consegue criar uma totalidade final sem deixar sobras. Uma sinfonia que recolhe em si todas as disfonias. O Mago nos introduz em estados de consciência integradores que nos permitem vislumbrar, a partir de um centro de irradiação e de amor, a unidade de todas as coisas. Ele alarga as dimensões de nosso eu consciente na direção do eu profundo. A partir do eu profundo nos faz mergulhar no oceano divino que nos habita, Deus. Em derradeira instância, nos diz o mago, nós somos *um* com Deus. A alma amada se vê "no Amado transformada".

No processo de resgate e de realização de sua identidade, a águia viveu todas as estações desta jornada. Realizou plenamente o arquétipo* herói/heroína: do aguente, do caminhante, do lutador, do mártir, do sábio e do mago. No termo do caminho encontrou o céu, o lar e a pátria da identidade.

2. O paraíso e a queda acontecem hoje

Por mais sucesso que tenha, o herói/heroína se confronta frequentemente com uma ameaça: com a queda, com o ferimento, eventualmente até com a morte. O herói/heroína é o que é, exatamente porque aprende a trabalhar essas antirrealidades. Incorpora-as e assim as supera criativamente.

Vejamos agora com certo detalhe a possibilidade da queda e o fato da própria queda. A história da águia nos suscita esta questão. Por que caímos? Por que tanto sofrimento no resgate e na realização de nosso próprio ser?

Se tivermos uma perspectiva mais global da realidade cósmica, terrenal e humana, poderemos lançar alguma luz sobre esta intrigante questão. Há uma constatação inegável, resultado das investigações mais seguras sobre o universo: ele está em expansão e em evolução. Dizer que está em evolução implica afirmar que o universo passa de formas simples para formas mais complexas, de situações de caos (desordem) para situações de cosmos (ordem).

O processo evolucionário supõe um universo perfectível, aberto e ainda não acabado. A verdadeira natureza das coisas ainda não se realizou totalmente. Vai se concretizando na medida em que o processo avança. Só no termo da história cósmica e humana e não no seu começo valem as palavras das Escrituras*: "E Deus viu que tudo era bom". Até lá as coisas não são totalmente boas. Podem sempre melhorar. Vale dizer, passam de situações menos boas para situações melhores.

A seguinte sequência, ordem-desordem-interação-nova ordem, é a característica mais perceptível dos seres vivos.

Num organismo vivo partes se desagregam, outras se regeneram, e outras renascem.

Até o nível humano, esta situação não comportava maiores dificuldades. Estas, entretanto, surgiram quando irrompeu a consciência humana. Ela se caracteriza pela capacidade de fazer uma imagem de totalidade do real e por sentir-se habitada por um desejo infinito, como consideramos no capítulo anterior.

A consciência pode entrever o termo do processo evolucionário. Nos sonhos e nas projeções do imaginário, antevê a perfeição e a plena realização das potencialidades da criação. Sonha com o mergulho humano no oceano insondável do Ser. Tem a capacidade de saltar por cima do tempo e do processo em curso e de se colocar na culminância derradeira da evolução.

Em razão desta capacidade da consciência deriva-se um drama: Como combinar a perfeição final com o estágio imperfeito atual? Por que temos que percorrer, pacientemente, este longo percurso até chegar à perfeição terminal?

O drama se agrava em face da realidade da entropia*, do desgaste das energias, do envelhecimento natural e da inevitabilidade da morte. O dia ensolarado caminha lentamente para a noite escura. O ridente verdor da primavera desliza preguiçosamente para o vermelho alegre do verão. Para o amarelo sereno do outono. E para o cinzento desbotado do inverno. Todos os seres vivos nascem, crescem, maduram, envelhecem e morrem. Nenhuma força poderá deter esse curso irrefragável das coisas.

Considerando os já 15 bilhões de anos do universo e dos já 3,5 bilhões dos sistemas vivos, verificamos que a morte não é um fim derradeiro. Ela representa um momento de transformação dentro de um processo maior. Uma passagem alquímica* para um estágio mais alto e mais complexo. A morte não nega a vida. Ela é uma invenção inteligente da própria vida para possibilitar a si mesma uma religação maior com a totalidade do universo.

Entretanto, não há apenas a morte. Há também a experiência da queda. Vivíamos uma situação segura, com certo número de certezas que nos causavam tranquilidade. Por uma razão qualquer, as coisas começaram a entrar em crise, a perder suas estrelas-guia, a se decompor. De repente, decaímos desta situação. Vivenciamos a experiência dolorosa da queda e da expulsão do paraíso. A experiência de queda e de perda atravessa toda a nossa vida. A vida pessoal e coletiva é feita de altos e baixos, de ascensões e quedas.

O capítulo terceiro do Gênesis* relata a queda de Adão e Eva, da humanidade enquanto homem e mulher, com a subsequente expulsão do paraíso terrenal. Tal acontecimento é paradigmático* da condição humana. Ele não se situa no passado remoto da humanidade, mas no seu presente, no momento atual. A cada momento caímos de nossos ideais na mais crua realidade. A todo instante nos sentimos exilados e expulsos deste mundo no qual não há lugar suficiente para nossos desejos mais profundos de amor, de liberdade, de compreensão, de compaixão e de paz.

Entretanto, somos livres. A liberdade nos foi dada para moldar a vida e modificar o destino. Na liberdade podemos acolher como rejeitar o paradoxo* de paraíso e queda, de águia e galinha e de vida e morte. Podemos assumir a queda como desafio para nos autossuperar. Para nos tornar herói/heroína e assim crescer. Como podemos também ficar tão somente na lamúria, na fuga ilusória e no encaramujamento sobre nós mesmos.

Na liberdade podemos jovialmente hospedar a morte ou tentar, ilusoriamente, fugir dela. Pouco importa. Ela é soberana. Vem e sobrevém infalivelmente. Não se introduz no termo da vida. Instala-se já no seu começo. Lentamente vamos morrendo, minuto a minuto, em prestações, até acabar de morrer.

Dar primazia à vida, olvidando sua mortalidade, é cair pesadamente nos braços da morte. Acolher, com serenidade, a morte, porque pertence à vida, implica dar primazia à vida e viver uma inexprimível liberdade. É viver mais e melhor. É ressuscitar.

A história da jovem águia que caiu do ninho e se feriu perigosamente nos lembra a condição humana decaída. Sempre estamos sob a ameaça de cair do paraíso em que nos encontramos. Esta situação de decadência faz nascer um permanente anseio de resgate e de libertação.

3. A força regeneradora do amor incondicional

Graças a Deus, a jovem águia foi socorrida por um anônimo criador de cabras. Como bom samaritano, deteve-se em seu caminho. Esqueceu-se de seus afazeres. E deixou-se comover pelo ninho estraçalhado. Apiedou-se da águia que parecia morta, levando-a cuidadosamente para casa. Grande compaixão mostrou também o empalhador de aves. Ao perceber que a jovem águia ainda vivia, decidiu piedosamente não sacrificá-la e cuidar dela com carinho. Nesses gestos deparamos com a energia mais fundamental que move todo o universo: o amor incondicional.

O amor incondicional é aquele amor que, como a palavra expressa, não coloca nenhuma condição para ser vivido. Nem condição de parentesco, de raça, de religião, de ideologia e de trabalho. Ama por amar. Entrega-se à energia universal que cria relações, gera laços, funda comunhão. Vai ao outro e repousa no outro assim como ele é. Sem intenção de retorno e de cobrança.

O amor incondicional possui características maternas, tem compaixão por quem fracassou. Recolhe o que se perdeu. E tem misericórdia por quem pecou. Nem o inimigo é deixado de fora. Tudo é inserido, abraçado e amado desinteressadamente.

Esse amor incondicional é profundamente terapêutico: fortalece quem é assim amado, pois o acompanha e envolve em sua queda, impedindo que esta seja completa e irremissível. Não há quem resista à força do amor incondicional. Por causa dele tudo é resgatável. Ele rompe sepulturas e transforma a morte em ressurreição.

O amor incondicional põe em movimento um imenso processo de libertação *de*: de carências, de opressões e de limitações de toda ordem. Resgata o sistema da vida em suas inter-retrorrelações. Por isso, a águia, na força do amor incondicional do empalhador de aves, recuperou os sentidos, os ouvidos, a voz, as asas, os movimentos, os olhos e, por fim, a capacidade de voar.

Esse amor libertador funda o dinamismo que pervade todo o universo e cada ser. No universo todos os seres existem e vivem uns pelos outros, com os outros, nos outros e para os outros. Ninguém está fora desta relação includente. Mais fundamental que o princípio de sobrevivência do mais forte (Darwin*) é o da solidariedade-amor de todos para com todos (Bohr*). É esse amor-solidariedade que constitui a grande comunidade cósmica, terrenal e humana. É ele que dá origem também ao princípio da reciprocidade-complementaridade. Um ajuda reciprocamente o outro a existir e a se desenvolver. Todos se complementam e crescem juntos: as espécies, os ecossistemas e o inteiro universo.

O amor incondicional crê nas virtualidades latentes em cada ser. Nunca desespera na confiança de que a própria natureza revele sua energia regeneradora, de libertação *de*. Sabe por intuição que sempre sobra uma chama a ser alimentada, uma palavra a ser ouvida e um sinal de esperança a ser interpretado. Todos os sons, por mais destoantes, entram na imensa sinfonia universal.

Por outra parte, o entrelaçamento de todos com todos revela nossa profunda indigência e, ao mesmo tempo, nossa insuspeitável riqueza. Precisamos dos outros para ser e para nos libertar. Paulo Freire nos deixou este legado: "Ninguém se liberta sozinho; libertamo-nos sempre juntos". Temos uma indigência fundamental que nos faz esmoleres uns dos outros. De outro lado, somos portadores de uma riqueza inesgotável que nos faz doadores uns dos outros. Temos algo a dar e a contribuir que somente nós podemos oferecer ao crescimento do todo.

Se negarmos esta contribuição, restará um vazio que ninguém preencherá, frustrando o inteiro universo. Dom Helder Câmara, o profeta dos pobres, não cansava de repetir em suas peregrinações pelo mundo: "Ninguém é tão rico que não possa receber, como ninguém é tão pobre que não possa dar".

4. A importância das figuras exemplares

Embora completa em seu corpo, com os olhos recuperados e os sentidos resgatados, a águia não era ainda totalmente águia. Vivia entre as galinhas. À força de conviver com elas, fizera-se também galinha. A natureza singular da águia se encontrava sepultada dentro da galinha.

Onde estaria seu coração, a essência mais íntima de toda águia? Uma águia jamais será uma galinha, mesmo que seja a mais extraordinária do mundo. Há nela um fogo interior que cinza alguma pode apagar. E o seu ser de águia. Seu chamado às alturas. O sol que habita seus olhos.

Não basta apenas libertar-se *de*. A águia precisa também libertar-se *para*: para a sua própria identidade e para a realização de suas potencialidades. Nesses momentos cruciais aparecem os mestres espirituais e as figuras exemplares. Eles têm o condão de evocar, provocar e convocar a natureza essencial adormecida.

A águia-galinha foi provocada, certa feita, por um par de águias brasileiras que sobrevoou o terreno onde ciscavam os pintainhos. Ao vê-las voando, algo se acendeu dentro dela. Deu-se conta de que podia, e também devia, voar. Sentiu-se chamada a voar em céu aberto, a romper a estreiteza do galinheiro. Sim, uma sutil corda interior foi tocada. Uma vez tocada, dela sairá uma nota musical que nunca mais deixará de ressoar, até se transformar em uma belíssima melodia.

O empalhador logo se deu conta de que um novo estado de percepção irrompera na águia, confirmado também pelo amigo naturalista*. Fez testes com ela para reforçar-lhe o herói/heroína interior. Falou-lhe ao ouvido. Lançou-a do alto da casa. Levou-a ao topo da montanha. Tentou ser parteiro de sua natureza de águia.

O casal de águias brasileiras suscitara a possibilidade de a águia-galinha resgatar sua identidade de águia. De libertar-se *para* o seu centro, *para* a sua natureza essencial de águia. Seria a grande revolução alquímica*, necessária para a experiência de plenitude.

Nesta fase avultam em importância os mestres, os guias espirituais e as figuras exemplares. Sua função é ajudar a identificar a verdadeira natureza. Não só com palavras nem apenas com conceitos. Mas mediante sua própria vida e seu modo de ser-agir.

Os mestres viveram as várias figuras do herói/heroína interior e realizaram seu arquétipo* fundamental com tal profundidade que eles mesmos se tornaram arquetípicos e simbólicos. Uma vez transformados em símbolos e em arquétipos* mergulham no inconsciente coletivo. Fazem-se referências modelares para toda uma caminhada humana. Concretizam ideais sonhados e buscados por tantos.

Essas figuras pertencem ao cotidiano da vida familiar e social. São pais, mães, avós, irmãos e irmãs modelares, mestres-escola, profissionais das várias áreas; uma dona de casa e mãe no seu anonimato e permanente cuidado amoroso; um carpinteiro que domina a madeira como se fora massa; um pintor que capta genialmente as nuanças da luz; um advogado perspicaz e incorruptível; um artista notável por sua criatividade e ao mesmo tempo por sua sensatez; um catador de lixo que se mostra profeta da ecologia*, possibilitando a reciclagem e preservando a casa comum do lixo humano excessivo. Todos eles nos ajudam a viver nosso próprio chamado e a ouvir atentamente nossa natureza essencial.

Mas há também as grandes figuras exemplares de cada região, de cada nação, da própria humanidade. Esses são legados preciosos da consciência coletiva que impregnam benfazejamente a atmosfera humana. Animando, curando e abrindo novas possibilidades ainda não ensaiadas.

Quem não se deixa fascinar pela figura de Jesus de Nazaré? Ele aliava, num só movimento, uma paixão amorosa e infinita por Deus e uma paixão ardente e libertadora pelos pobres. Sabia conjugar o universal com o particular. Por isso, unia Reino – a revolução absoluta na criação – com o cuidado pela fome das multidões. Tinha integrada dentro de si a dimensão feminina que o tornava sensível à exclusão em que viviam as mulheres de seu tempo. Comprovam-no a presença delas em momentos fortes e seus milagres, especialmente os de cura, que libertavam da doença física e para a reintegração na sociedade. Duro contra a religião das aparências dos fariseus, era ao mesmo tempo compassivo com a pecadora pública Maria Madalena ou com o cobrador de impostos Zaqueu. Humano assim, nos apraz repetir, só Deus mesmo, na sua face materna e paterna, encarnado em nossa humanidade. Ele se transformou num dos mais poderosos arquétipos* do Ocidente e hoje da alma humana. Arquétipo do amor incondicional e da proximidade de Deus.

Quem não se encanta com a figura de São Francisco de Assis*, o "primeiro depois do Único", o último cristão radical? Nele se encontrou, numa síntese inspiradora, a ternura e o vigor. Ternura para com todos os seres, abraçados como irmãos e irmãs. Ternura para com Clara, sua companheira na cumplicidade em sua paixão pelos últimos e por Deus. Vigor no seu projeto pessoal de viver a loucura do Evangelho, a despeito da Igreja imperial e opulenta dos príncipes e dos papas. Ele surge como um dos mais poderosos arquétipos* da totalidade humana. Harmoniza em sua vida as dimensões do mundo físico, do mundo psíquico e do mundo espiritual. Celebra assim o esponsório feliz da mãe e irmã Terra com o senhor e irmão Sol.

Quem revela hoje mais características messiânicas* do que o Dalai Lama*? Vivendo no exílio, fortalece a resistência de seu povo tibetano, submetido à dominação chinesa. Prega em todos os foros mundiais a paz mediante o diálogo e a colaboração de todos os povos. Mostrou com seu exemplo e palavra a importância da espiritualidade e da meditação para o desenvolvimento harmônico das pessoas. Favoreceu a compreensão de todas as tradições espirituais e religiosas como caminhos diferentes e verdadeiros para se chegar ao mesmo Mistério Divino, à Suprema Realidade.

Quem não se enternece com a figura do Mahatma Gandhi*, frágil e forte? Soube fazer da verdade transparente uma força mobilizadora da política e da não violência ativa, uma energia irresistível de transformação social. Ninguém melhor do que ele entendeu e viveu a política como gesto amoroso para com o povo. Ele se transfigurou num símbolo vivo da dimensão solar da vida humana, da liberdade interior, da espiritualidade como dimensão pública e revolucionária.

Não produz sentimentos de veneração a figura da Madre Teresa de Calcutá*? É um testemunho vivo de compaixão pelos moribundos das ruas, proporcionando-lhes a dignidade de morrer como humanos no calor da comunidade solidária. Ela concretiza o arquétipo* da misericórdia, da sacralidade da vida e da grande mãe protetora e consoladora.

E assim poderíamos elencar um rosário de nomes referenciais como Edith Stein*, Martin Luther King*, Che Guevara*, Rigoberta Menchú*, Mãe Menininha do Gantois*, Marçal, cacique guarani assassinado, Chico Mendes*, entre outros e outras.

Os mestres referenciais despertam em nós virtualidades latentes. Ajudam-nos a evitar enganos e erros. Sustentam a esperança de que sempre vale a pena seguir lutando. Impedem que o desânimo tome conta de nossa vida. Alimentam permanentemente com o óleo da confiança, da solidariedade, do perdão e do enternecimento a lamparina sagrada que arde em nós. Assim sempre haverá luz em nosso caminho. A águia que somos não se mediocrizará e erguerá voo sempre de novo.

Identifiquemos tais mestres em nossa vida e em nossa cultura! Aprendamos a venerá-los e a segui-los! Com a luz que deles jorra, será menos oneroso o caminho rumo ao nosso próprio coração.

Mas a missão principal das figuras exemplares é ensinar-nos permanentemente a cuidar do Ser em todas as suas dimensões, corporal, mental e espiritual. Só então seremos plenamente humanos.

A cultura dominante separou corpo, mente e espírito. Dilacerou o ser humano em mil fragmentos. Sobre cada fragmento construiu um saber especializado.

Assim, com respeito ao corpo, há os que sabem de olhos e só de olhos, só de ouvidos, só de coração, só de cérebro.

Com referência à mente, outros sabem do psiquismo só de crianças, só de mulheres, só de casais, só de neuróticos, só de esquizofrênicos.

Concernente ao espírito sabem só de religião, só de cristianismo, só de franciscanismo, só de budismo, só de candomblé, só de oração.

Tais saberes são de grande proveito, pois nos ajudam a debelar ancestrais inimigos da humanidade, como as mais diferentes doenças, a superação das distâncias e o encurtamento do tempo. Revelam-nos a complexidade da alma humana. Desvelam-nos a diversidade dos caminhos espirituais.

Mas todos eles encerram certo reducionismo: Onde está o ser humano em sua integralidade? Na diferença e reciprocidade de homem e de mulher? Nos paradoxos* analisados por nós anteriormente? Perde-se a memória sagrada de sua unidade dinâmica, paradoxal e sempre aberta a novas sínteses.

Alguém fisicamente doente em sua cama de hospital sente-se, muitas vezes, mais aliviado com a visita da netinha querida do que com o remédio receitado. A escuta atenta e afetuosa das fabulações de um esquizoide ajuda mais que muitas sessões de terapia. O encontro com uma pessoa espiritual que realmente vivenciou o Sagrado, mesmo sendo de um caminho religioso diferente, nos ajuda mais na nossa própria busca do que muita piedade e muita meditação.

Os mestres exemplares nos recordam a atitude fundamental que devemos ter para com a integralidade do ser humano: o cuidado. O cuidado é tão fundamental que foi visto pelos gregos como uma divindade. Divindade que acompanha o ser humano por todo o tempo de sua peregrinação terrestre. Onde há cuidado, aí desabrocha a vida humana, autenticamente humana. Onde está ausente, aparece a rudeza, o descaso e toda sorte de ameaças à vida. Importa cultivar o cuidado como precondição essencial para a vida sob qualquer uma de suas formas.

Cuidado para com o *corpo*: na alimentação, para que não seja apenas nutrição, mas comunhão com os elementos, com o ar que respiramos, com a água que bebemos, com as roupas que vestimos, com as energias que vitalizam nossa corporalidade.

Cuidado para com a nossa *mente*, especialmente para com os heróis e heroínas, deuses e deusas que nos habitam. Eles formam os valores que orientam nossa vida e aqueles arquétipos* solares e sombrios que plasmam nosso caminho para o bem ou para o mal.

Cuidado especial para com aquela energia vulcânica que atormenta e realiza a mente: o desejo. Somos seres-de-desejo. O desejo possui uma dinâmica ilimitada e infinita. Não desejamos apenas isso e aqui. Desejamos tudo e o todo. Desejamos o Absoluto. Importa orientar o desejo para que, ao concretizar-se em mil objetos, não perca o obscuro e permanente Objeto de sua busca, consciente ou inconsciente: o Ser, Deus, o acolhedor Útero divino.

Há o risco de o desejo identificar o Ser com suas manifestações. Passa então a fetichizá-las, na ilusão de que são absolutas, quando são sempre relativas. Olvida o Ser que se dá e se retrai em cada manifestação.

Os mestres nos ensinam a cuidar das relações para com os outros. Cuidamos dos outros porque os descobrimos como valores em si mesmos, re-ligados à fonte do Ser, habitados por Deus que os está continuamente gerando como a seus filhos e filhas.

Por fim importa cuidar do *espírito*. O espírito é aquela dimensão da consciência pela qual a pessoa se sente ligada ao todo e religada à Fonte originante. O espírito continuamente projeta visões de totalidade e de unidade. Cultivar o espírito significa cuidar do Ser, manter viva a memória bem-aventurada de sua presença em todas as coisas.

Cuidar do espírito é estar sempre atento e ouvir as mensagens que vêm de todos os lados. As coisas não são apenas coisas. Elas representam valores que fascinam. As coisas são símbolos de outra Realidade. Por isso falam e anunciam esta Realidade suprema. Ela não é um abismo aterrador. Mas um foco irradiador de sentido. Um amor que em tudo penetra e resplende. Que move o céu e todas as estrelas, como dizia Dante Alighieri*, o maior poeta da Itália, fundador da atual língua italiana.

Pertence ao espírito poder rezar e contemplar. Rezar e contemplar significa escutar a Palavra que ecoa em todas as palavras. Comporta identificar nas relações que entrelaçam todos os seres do universo aquele Elo unificante e esquecido que tudo unifica, tudo liga e religa e que faz o cosmos ser cosmos e não caos. Rezar e contemplar implica colocar-se, silenciosa e imediatamente, diante daquele que é o Princípio, o Meio e o Fim. Comungar reverentemente com Ele. Mergulhar amorosamente nele.

Este cultivo do espírito – espiritualidade – pertence à natureza humana. É parte natural do processo de humanização especialmente na fase adulta da vida. Importa enfatizar: a espiritualidade é um dado antropológico de base. Não é, como muitos pensam, monopólio das religiões e dos caminhos espirituais. Não. É a dimensão profunda do ser humano. Só num segundo momento é assumido e expresso pelas religiões institucionais e pelas tradições espirituais dos vários povos. Elas codificam a experiência espiritual, criam-lhe uma linguagem específica e zelam para que jamais se apague na memória pessoal e coletiva da humanidade.

Integrar a cura do corpo, a terapia da mente e o cuidado do espírito constitui a meta da construção do humano, rico, diverso, paradoxal e harmonioso. Pois é isso que os mestres viveram e nos testemunham permanentemente.

A águia tornou-se novamente águia e voou, quando resgatou (libertação de) e potencializou (libertação para) sua natureza. De onde tirou as energias que a levaram para as alturas?

Eis a questão fundamental a ser respondida. Ela representa o ponto culminante de toda nossa meditação. Ela se concentra na realidade do Sol.

O Sol representa o arquétipo* da síntese entre o humano e o divino, entre o ser corporal, mental e espiritual e entre a águia e a galinha. O Sol, numa palavra, é o Centro vivo e irradiador da vida humana.

5. O Sol: experiência do Numinoso e do Centro

Recordemos a importância do Sol para a natureza da águia. Não foram suficientes os mestres, o empalhador, o naturalista* e seus esforços para despertar a natureza interior da águia. Enquanto o Sol não renasceu em seus olhos e, a partir daí, em seu coração, a águia não pôde voar. Com o Sol dentro de si, sentiu firmeza. Abriu as potentes asas. Mediu os espaços. E aventurou-se ao voo libertador.

Qual a importância do Sol na vida das pessoas? O Sol é o astro-rei de nosso sistema planetário. Mas é também o grande símbolo transcultural que capitaliza as questões ligadas à síntese viva. Síntese que deve irradiar luz e calor. E encher de significação a vida humana.

O Sol possui a função de um arquétipo* central. Vem associado à ordem e à harmonia de todas as energias psíquicas. Como o Sol atrai em órbita todos os planetas de seu sistema, assim o arquétipo-Sol sateliza ao seu redor todas as significações. Ele é o Centro vivo e irradiante de nossa interioridade. E no centro do Centro está a imagem de Deus, o próprio Deus. O Sol representa por excelência o Numinoso* em nós, que as religiões afro-brasileiras chamam de axé*.

Todos fazemos a experiência do Numinoso*. É aquela experiência que nos toma e nos envolve totalmente. Por isso também possui enorme potencial transformador. A experiência de enamoramento e de paixão entre duas pessoas que se amam é uma experiência do Numinoso. A experiência de encontro profundo com alguém, que nos lançou uma luz no meio de uma crise existencial, representa uma experiência do Numinoso. O choque vital com alguém cheio de carisma, que irradia por sua palavra profética, por sua ação corajosa e por sua personalidade terna e ao mesmo tempo vigorosa, nos comunica uma experiência do Numinoso. A experiência da Presença do Divino e do Sagrado por detrás de todas as coisas e do universo. Presença que se sente no fundo dos olhos de uma criança. E dentro de nosso coração: eis, por excelência, a eclosão do Numinoso.

O Numinoso não é uma coisa. Mas uma ressonância das coisas dentro de nós e que, por isso, se fazem preciosas. Apresentam-se como valores e como símbolos que falam dentro de nossa profundidade. Porque são símbolos, sempre remetem para além deles, para uma outra dimensão, para um inefável percebido pela consciência. Inefável que tudo sustenta e ordena. As coisas, além de continuar a ser o que são, transmutam-se em realidades simbólicas e sacramentais. Por isso elas, de um lado, nos atraem e nos fascinam e, de outro, nos enchem de respeito e de veneração. Elas produzem em nós um novo estado de consciência. Alargam as dimensões de nossa percepção e do nosso coração.

Esse Numinoso* constitui nosso Sol interior, nosso Centro irradiador. O Centro é um dado da totalidade de nossa vida que se impõe por ele mesmo. Ele fala dentro de nós. Ele nos adverte. Ele nos apoia. É o nosso mestre interior, grande ancião/anciã que sempre nos acompanha. Ele é indestrutível. É o melhor, o mais sagrado, o mais sacrossanto e o mais insondável de nós mesmos. É o nosso Mistério que toca no Mistério do mundo e no Mistério de Deus.

Pelo fato de irradiar e de aquecer, este Centro é identificado com o Sol. Os principais místicos testemunham a presença dessa inefável realidade solar dentro da alma. Santa Teresa d'Ávila*, a grande mística espanhola do século XVI, escreveu: "o sol resplendente está sempre dentro da alma e nada pode arrebatar sua magnificência"; ou "ele está sempre presente para nos dar o ser".

O ser humano pode fechar-se aos chamados desse Sol e desse Centro. Pode querer negá-lo. Mas jamais poderá aniquilá-lo. Ele sempre estará aí como uma realidade imanente à alma. Ele constitui o fundamento da dimensão espiritual do ser humano. E a base antropológica da espiritualidade.

A vida espiritual possui em nós o estatuto de uma energia originária. De um instinto com a mesma cidadania que o instinto sexual, o instinto de saber, o instinto de poder, o instinto de violar os tabus e o instinto de transcender. Note-se, não se trata de um instinto qualquer, um entre tantos. Mas de um instinto fundamental, articulador de todos os demais.

Repitamos, a vida espiritual traduz um dado antropológico objetivo, preexistente à consciência e independente de nossa vontade. O ser humano possui naturalmente interioridade. E essa interioridade é habitada por um Sol e pelo Numinoso*.

Os mestres espirituais e outros analistas das profundezas da alma humana chamam a esta interioridade e a este Sol central também de *Imago Dei* (imagem de Deus) ou a própria Presença Divina em nós. Os místicos ousam mais e dizem: Temos Deus dentro de nós. É tão unido a nós que Ele é a nossa própria profundidade. Somos Deus por participação.

Se assim é, então devemos reconhecer que nós não adquirimos a vida espiritual. Ao contrário, nós nos descobrimos radicalmente dentro dela. Podemos abrir-nos mais e mais a ela. Como ensina Santa Teresa d'Ávila*, podemos predispor nossas moradas interiores a receberem mais luz. Mas em Deus sempre vivemos. Em Deus nos movemos. Em Deus somos. A Ele nunca vamos. Dele nunca saímos. Nele sempre nos encontramos.

Ser plenamente humano comporta vivenciar esta realidade espiritual. Deixar que ressoe dentro de nós, para sentir que somos habitados pela Energia criadora dos Céus e da Terra, para que possamos brilhar e voar. Ela nos está gerando a cada momento. Ela nos tira de seu coração de Mãe e de Pai originários e nos coloca amorosamente no mundo.

O cuidar do Ser se transforma, então, num amar o Ser. Entrar em comunhão com Ele. Tornar-se um com Ele. Cuidar do Ser significa continuamente fazer o esforço de passar do Deus que temos nas espiritualidades, nas religiões e nos discursos institucionais do sentido, para o Deus que somos na nossa radical profundidade. Lá onde tudo se encontra, se religa e por isso se faz uno, diverso, convergente e irradiante de vida.

A águia sentiu imergir dentro de si esse Sol. Na força de sua irradiação e de seu calor, religou todas as suas memórias pretéritas. Articulou todas as forças escondidas. Recuperou o elo perdido do seu passado de águia perfeita. E entrou num novo ser e num novo estado de consciência. Voou e voou para o alto. Voltou a ser águia. Em plenitude.

6. O reencontro no grande Útero

O termo da caminhada da águia é sua penetração no céu. Ela voou até fundir-se com o azul do firmamento. Qual é a meta derradeira do ser humano? Qual é o seu destino terminal? Não é a permanência na dualidade na errância como se caminhasse sem fim numa direção sempre mais para frente. Sem nunca saber se pode chegar e onde chegar. Ele é um projeto infinito. Somente a fusão com o Infinito permite a realização do projeto infinito. E assim fazê-lo descansar.

Há no ser humano um apelo para a unificação, para a comunhão com todas as coisas e para ser um com elas. É a nossa inarredável saudade do momento em que estávamos todos juntos, naquele ponto matemático inimaginavelmente pequeno, antes do *big bang** inicial. Aí éramos energia originária com imensas virtualidades de relação e de realização. E então houve a explosão. Tudo se expandiu e tudo interagiu, criando as ordens primordiais. Chegamos até as grandes estrelas. Em seu seio se formaram, em milhões e milhões de anos, todas as partículas que compõem atualmente o universo e cada um de nós. Num dado momento, essas grandes estrelas vermelhas explodiram. Seus materiais se espalharam por todo o espaço cósmico. Nasceram as galáxias, as estrelas de segunda grandeza, os planetas, os satélites, os primeiros organismos vivos que evoluíram em complexidade e interiorização até se tornarem autoconscientes em nós, seres humanos. Nascemos do coração das grandes estrelas. Por isso existimos para brilhar. Pois carregamos dentro de nós o brilho originário dessas estrelas.

Esta unidade originária nunca se perdeu em nós. Ela permanece como memória cósmica de um útero que tudo acolhe. Ele está na origem e se mostra como saudade bem-aventurada. Está também no termo da peregrinação e se revela como esperança imorredoura. O Útero inicial é também o Útero terminal. Deus está no começo, no meio e no fim.

Et tunc erit finis, e então será o fim. Será o fim quando implodirmos e explodirmos para dentro do Abismo insondável de realização e de bem-aventurança, Deus. Então seremos unos no Uno. Convergentes na fusão. E diversos na comunhão. A Fonte de Energia originária estará totalmente em nós. E nós totalmente nela. Eis o verdadeiro panenteísmo*.

Nós não somos Deus, no sentido simples e direto da palavra. Isso significaria panteísmo*, que não respeita as diferenças entre criatura e Criador. Nós estamos em Deus. E Deus está em nós. Eis o panenteísmo que respeita as diferenças. E postula a interpenetração e mútua presença das diferenças. Somos diferentes para permitir a mútua relação. Para podermos estar juntos na comunhão.

Não é esse o sentido secreto do mistério da encarnação vista a partir do cristianismo? Deus se fez humano para que o humano se fizesse Deus. O Mestre Eckhart*, na verdade, o maior místico cristão de todos os tempos, ensinava, ainda no século XIV: "Deves conhecer a Deus sem imagens e sem semelhanças. Deves conhecê-lo diretamente. Se eu quiser, no entanto, conhecer a Deus diretamente, devo fazer-me Ele e Ele deve fazer-se eu".

A experiência dos místicos vai no sentido da identificação do ser humano com Deus. Quer dizer: da ação com a qual ser humano e Deus se identificam. Ficam identificados, uma experiência de não dualidade e de mútuo amor.

Um mestre da mística* muçulmana dizia: "Teu Espírito se misturou com o meu, como o vinho se uniu com a água. Por este Espírito, quando uma coisa te toca, me toca a mim também. Tu és eu em tudo. E basta de separação".

A Suprema Realidade pode ser comparada a um ilimitado mar-oceano de ser, de vida e de amor. Nós somos apenas ondas deste mar-oceano. A onda é e não é o mar. É o mar porque sem o mar não há onda. Não é o mar porque é dele uma manifestado, entre outras. O mar é sempre maior do que suas ondas e suas manifestações.

A onda é o mar-oceano manifestado, o mar-oceano que se realiza numa consciência pessoal. Há ondas que se esquecem de que são o mar-oceano manifestado. Entendem-se a si mesmas, independentes, sem referência ao mar-oceano.

Há ondas que sabem que vêm do mar-oceano. São expressões do mar-oceano e voltam ao mar-oceano.

Estas são felizes. Vivem a diferença. E a união na diferença.

Necessitamos, portanto, oceanizar nossa existência. Vivenciar a Fonte de onde tudo jorra e onde tudo deságua. Caminhar à luz do Sol primordial. Regressar ao seu Seio luminoso.

Eis o termo da jornada humana: a autotranscendência. O mergulho no insondável Mistério de vida, de consciência, de comunhão e de amor. Como a águia que mergulhou no azul infinito do firmamento. Finalmente, a águia e a galinha, a mente e o coração, o Céu e a Terra, o ser humano e Deus se tornaram uma única Realidade, una, diversa, complexa e comunional*.

7
O arquétipo da síntese entre a águia e a galinha

Em nossa reflexão, a águia transcende o conceito de ave de rapina. Retrata um arquétipo*. Todo arquétipo é vivo e não um fóssil do inconsciente humano. Por isso, em cada nova situação ganha configurações diferentes. Da mesma forma, a galinha representa outro arquétipo. Assume expressões que se opõem e, ao mesmo tempo, complementam as da águia. Águia e galinha globalizam a existência humana.

1. A águia e a galinha como arquétipos

A galinha expressa a situação humana no seu cotidiano, no círculo da vida privada, nos afazeres domésticos, nos hábitos e tradições culturais, na dimensão inevitável de limitações e de sombras que marcam a vida, numa palavra, em sua imanência. A águia representa a mesma vida humana em sua criatividade, em sua capacidade de romper barreiras, em seus sonhos, em sua luz, resumindo, em sua transcendência. Ambas se complementam. Traduzem o dinamismo humano, enraizado por uma parte e sempre aberto por outra.

Os arquétipos* entram na construção das sínteses que globalizam a existência. O ser humano precisa unir enraizamento e abertura, luz e sombra, céu e terra, masculino e feminino. Urge saciar as duas fomes que o acometem: fome de pão e fome de espiritualidade. Sente a urgência de celebrar um matrimônio de dimensões pessoais, sociais e cósmicas. De outro modo acabará sofrendo, fragmentando-se e perdendo seu centro.

2. Buscando a síntese: a transparência

Como sintetizar imanência e transcendência? Como pensar, num só movimento, a águia e a galinha desvelando situações existenciais? Reportemo-nos ao capítulo 5, quando falamos das dualidades que dão corpo ao dinamismo da vida e do cosmos.

Para enfatizar uma vez mais aqueles pensamentos é esclarecedor nos referirmos ao cristianismo, uma das grandes tradições espirituais do Ocidente, e à sua dimensão de transparência. Jesus Cristo, seu fundador, é apresentado como um dos mais significativos arquétipos* da síntese e da transparência.

Jesus Cristo é aceito pela fé dos cristãos como sendo simultaneamente homem e Deus. Um homem tão radicalmente humano que seus discípulos concluíram: humano assim, só mesmo Deus. Um Deus com tal simpatia para com os seres humanos, com tal capacidade de identificação com os mais penalizados, pobres e excluídos, com tal misericórdia para com os filhos pródigos e extraviados que, num excesso de paixão e de amor, Ele mesmo se fez humano.

Em Cristo encontramos juntas, sem mistura e sem confusão, a inteira humanidade e a inteira divindade. As duas realidades – a humana e a divina – estão de tal maneira incluídas uma na outra, de tal forma abertas e recíprocas uma à outra, que vivem um esponsório místico*. No dizer forte da Escritura*, são dois numa só carne, qual duas pessoas que se amam apaixonadamente. A união é ainda maior que esse esponsório místico.

Jesus, Deus-homem, é semelhante à natureza da luz. Como já dissemos, toda luz é simultaneamente partícula material e onda energética. Somente entendemos a luz se assumirmos conjuntamente a partícula e a onda. Semelhantemente, só entendemos Jesus se o considerarmos homem e Deus conjuntamente. Fato curioso: Jesus foi apresentado como luz, a Luz verdadeira que ilumina cada pessoa que vem a este mundo e não apenas os batizados e seus seguidores. Ele é um dos arquétipos* centrais do inconsciente da humanidade, o arquétipo da *Imago Dei* (imagem de Deus) e do Filho de Deus.

Jesus é comparado à vida. Vida é encontro de matéria e de espírito. A matéria nunca é inerte. Sempre é interativa. O espírito é essa força de interação. Juntos, matéria e espírito, perfazem a vida, a culminância da evolução, a síntese suprema de todas as energias e de todas as partículas materiais que se auto-organizam. Surpreendentemente Jesus foi anunciado como vida. Vida eterna entre homens e mulheres, com o projeto de "trazer vida e vida em abundância" para todos.

A singularidade do cristianismo consiste em não separar, nem justapor, Deus e o ser humano. Mas uni-los de tal forma que, ao falar do ser humano, falamos de Deus e, ao falar de Deus, falamos do ser humano.

Os cristãos dos primórdios chamavam Jesus de Teântropo. Com esta palavra, que combina Deus e homem (*Theos* = Deus; *anthropos* = homem), visavam expressar a unidade singular dessa realidade divino-humana. Em vez de falar de divindade e de humanidade, poderíamos também falar de coexistência e de interpenetração da imanência (humanidade) com a transcendência (divindade). Tal coexistência produz a transparência.

Transparência é o termo que traduz a inter-retrorrelação da imanência com a transcendência. A transparência é transcendência dentro da imanência e imanência dentro da transcendência. A transparência faz com que a imanência – no caso, a humanidade de Jesus – se torne diáfana e translúcida, deixando de ser opaca e pesada. Faz também com que a transcendência – no caso, a divindade de Jesus – se torne densa e concreta, deixando de ser etérea e abstrata.

É a transparência, e não a transcendência, que define a singularidade do cristianismo. Ela traduz adequadamente a verdade do Teântropo, o mistério da encarnação de Deus na nossa carne quente e mortal.

Por causa dessa transparência, o próprio Jesus podia dizer: "quem vê a mim, vê o Pai". O Pai (transcendente) se fazia transparente nas ações, nas palavras e no projeto de Jesus (imanente).

No Pai-nosso encontramos também a presença das duas dimensões: transcendência e imanência. Elas não são paralelas, mas unidas. Reza-se: "Pai nosso que estais no céu" (transcendência) e "o pão nosso de cada dia dai-nos hoje" (imanência). Aqui se unem céu e terra, se articulam o impulso para cima (Pai) com o movimento para baixo (pão) e se juntam louvação ao Pai celestial com o fruto do trabalho humano. Eis a transparência.

A transparência é uma das características que melhor definem a pessoa integrada e bem realizada. A transparência é o efeito e a irradiação do diálogo constante e fecundo entre o eu consciente e o eu profundo. O eu consciente capta os apelos e solicitações que jorram deste eu profundo. Escuta sua natureza essencial e realiza uma síntese entre o que é na realidade profunda e aquilo que sente, pensa, quer e sonha na realidade empírica. Disso nasce a autenticidade.

Importa não confundir autenticidade com sinceridade. A sinceridade se situa no nível do eu consciente: a pessoa sincera diz o que pensa e age conforme sua ideia. Mas não necessariamente é autêntica. Pode não ouvir seu eu profundo e suas moções. Não é inteira porque não engloba todo o seu ser consciente e inconsciente. A sintonia fina entre os dois eus a faria autêntica e transparente. Sempre que esse processo ditoso ocorre, a pessoa revela densidade e inteireza. Não possui dobras. É solar e diáfana. É transparente e autêntica. A pessoa autêntica mostra leveza em seu ser e em tudo o que faz. Seu humor é sem amargura, seu desejo é sem obsessão, sua palavra é sem segundas intenções. A transparência constitui uma das características essenciais da divindade. A pessoa transparente se move na esfera do divino.

3. Dando asas à águia

Voltemos aos arquétipos* águia e galinha. Ambos são decisivos para a vida humana. Importa nunca dissociá-los. É imprescindível que busquemos a confluência das energias presentes na águia e na galinha para que elas cooperativamente construam o humano.

Como mostramos no início deste livro o grande desafio atual é criar condições para que emerja o arquétipo* da águia. Poderes mundiais têm interesse em manter o ser humano na situação de galinha. Querem apagar de sua consciência a vocação de águia. Por isso a grande maioria da humanidade é homogeneizada nos gostos, nas ideias, no consumo, nos valores, conforme um só tipo de cultura (ocidental), de música (*rock*), de comida (*fast-food*), de língua (inglês), de modo de produção (mercado capitalista), de desenvolvimento (material).

Recusamo-nos a ser somente galinhas. Queremos ser também águias que ganham altura e que projetam visões para além do galinheiro. Acolhemos prazerosamente nossas raízes (galinha), mas não à custa da copa (águia) que mediante suas folhas entra em contato com o sol, a chuva, o ar e o inteiro universo. Queremos resgatar nosso ser de águias. As águias não desprezam a terra, pois nela encontram seu alimento. Mas não são feitas para andar na terra, senão para voar nos céus, medindo-se com os picos das montanhas e com os ventos mais fortes.

Hoje, no processo de mundialização homogeneizadora, importa darmos asas à águia que se esconde em cada um de nós. Só então encontraremos o equilíbrio. A águia compreenderá a galinha e a galinha se associará ao voo da águia.

4. A união dos opostos

O arquétipo da síntese comporta a união dos opostos:
– Não só a águia, mas também a galinha.
– Não só a galinha, mas também a águia.

– Não só a águia na galinha, mas também a galinha na águia.

– Não só assumir a galinha-águia, mas também saber quando enfatizar a águia na galinha e quando a galinha na águia.

– Não só a matéria e o espírito, mas também sua interação: a vida.

– Não só a transcendência e a imanência, mas também sua interpenetração: a transparência.

– Não só a fome de pão, mas também a fome de espiritualidade.

– Não só o eu e os arquétipos*, mas também o Centro e o Sol interior.

– Não só os seres humanos, mas também a Terra e o universo.

– Não só a vida e a morte, mas também a ressurreição e a vida eterna.

Eis os desafios que se colocam para a construção do humano. Cumpre estar à altura deles se quisermos dar-lhes uma resposta que nos dignifique. Uma resposta que alicerce um equilíbrio dinâmico entre a águia e a galinha.

Só assim poderemos realizar o arquétipo* da síntese. E talvez, quem sabe, o paraíso não esteja tão longe nem totalmente perdido.

Referências

Elencamos aqui alguns títulos em português que ajudarão o leitor/leitora no aprofundamento da metáfora da águia e da galinha.

BARRÈRE, Martine. *Terra* – Patrimônio comum. São Paulo: Nobel, 1995.

BERRY, Thomas. *O sonho da Terra*. Petrópolis: Vozes, 1991.

BIASE, Francisco Di. *O homem holístico*. Petrópolis: Vozes, 1995.

BOFF, Leonardo. *Ecologia*: grito da Terra, grito dos pobres. São Paulo: Ática, 1995.

_____. *Nova era*: a civilização planetária. São Paulo: Ática, 1994.

BOLEN, Jean Shinoda. *As deusas e as mulheres*. São Paulo: Paulus, 1990.

BONAVENTURE, Léon. *Psicologia e mística*. Petrópolis: Vozes, 1978.

CAMPBELL, Joseph. *O herói de mil faces*. São Paulo: Cultrix, 1992.

CAPRA, Fritjof. *O ponto de mutação*. São Paulo: Cultrix, 1991.

CREMA, Roberto. *Introdução à visão holística* – Breve relato de viagem do velho ao novo paradigma. São Paulo: Summus Editorial, 1988.

DUVE, Christian de. *Poeira vital* – A vida como imperativo cósmico. São Paulo: Campus, 1997.

EHRLICH, Paul R. *O mecanismo da natureza* – O mundo vivo à nossa volta e como funciona. São Paulo: Campus, 1993.

EINSTEIN, Albert. *Como vejo o mundo*. Rio de Janeiro: Nova Fronteira, 1981.

FERRIS, Timothy. *O despertar na via láctea* – Uma história da astronomia. São Paulo: Campus, 1990.

FREI BETTO. *A obra do artista* – Uma visão holística do universo. São Paulo: Ática, 1995.

GRIBBIN, John. *À procura do big bang* – Cosmologia e física quântica. Lisboa: Editorial Presença, 1988.

HAWKING, W. Stephen. *Uma breve história do tempo* – Do *big bang* aos buracos negros. Rio de Janeiro: Rocco, 1988.

HEISENBERG, Werner. *A parte e o todo*. Rio de Janeiro: Contraponto, 1996.

LELOUP, Jean-Yves. *Cuidar do Ser*. Petrópolis: Vozes, 1996.

LONGAIR, Malcolm. *As origens de nosso universo*. Rio de Janeiro: Zahar, 1994.

LOVELOCK, James. *As eras de Gaia* – A biografia da nossa Terra viva. São Paulo: Campus, 1991.

_____. *Gaia* – Um novo olhar sobre a vida na Terra. Lisboa: Edições 70, 1989.

MORIN, Edgar. *Ciência com consciência.* Rio de Janeiro: Francisco Alves, 1996.

MÜLLER, Lutz. *O herói* – Todos nascemos para ser heróis. São Paulo: Cultrix, 1994.

MÜLLER, Robert. *O nascimento de uma civilização global.* São Paulo: Aquariana, 1993.

MOURÃO, Ronaldo Rogério de Freitas. *Ecologia cósmica* – Uma visão cósmica da ecologia. Rio de Janeiro: Francisco Alves, 1992.

PEARSON, Carol S. *O despertar do herói interior.* São Paulo: Editora Pensamento, 1993.

PESSIS-PASTERNACK, Guitta. *Do caos à inteligência artificial.* São Paulo: Editora Unesp, 1992.

PRIGOGINE, Ilya. *A nova aliança* – Metamorfose da ciência. Brasília: Universidade de Brasília, 1990.

ROGERS, Carl R. *A pessoa como centro.* São Paulo: Edusp, 1977.

SAGAN, Carl. *Pálido ponto azul* – Uma visão do futuro da humanidade no espaço. São Paulo: Companhia das Letras, 1996.

VV.AA. Grupo TAO (Teologia e Assessoria Orgânica). *A mística do animador popular.* São Paulo: Ática, 1996.

WEIL, Pierre. *Sementes para uma nova era.* Petrópolis: Vozes, 1986.

WOOLGER, Jennifer Barker & WOOLGER, Roger J. *A deusa interior* – Um guia sobre os eternos mitos femininos que moldam nossas vidas. São Paulo: Cultrix, 1993.

ZOHAR, Danah. *O ser quântico* – Uma visão revolucionária da natureza humana e da consciência baseada na nova física. São Paulo: Editora Best Seller, 1991.

Glossário

Aguicídio: morte violenta que o filhote de águia provoca no que nasceu depois dele.

Aguiismo: neologismo para significar a centralização na dimensão-águia, esquecendo a dimensão-galinha.

Alquímico: o que se deriva da alquimia, a química pela qual medievais e renascentistas procuravam transformar todos os metais em ouro. A fórmula secreta se chamava pedra filosofal. Em termos psicanalíticos, significa as transformações profundas pelas quais passa uma pessoa até conquistar a sua liberdade interior e o desenvolvimento de sua identidade.

Animus/anima: expressão divulgada pelo psicanalista suíço, fundador da psicologia analítica, Carl Gustav Jung (1875-1961), para significar a dimensão masculina (*animus*) e feminina (*anima*) presentes em cada pessoa e nos comportamentos humanos.

Antropogênese: a gênese do ser humano. O ser humano está ainda em evolução. Por isso a antropologia, estudo do ser humano, não tem condições de apresentar um conhecimento fechado e concluído.

Aristóteles (384-322 aC): filósofo grego fundador de um sistema completo, que inspira o pensamento universal até os dias de hoje. Acentua o primado da realidade sensível sobre as ideias. Vê todos os seres como concretizações diferentes do Ser, sendo constituídos pela forma (essência universal) que se particulariza pela matéria.

Arquétipo: padrões de comportamento que existem no inconsciente coletivo, desde a mais remota ancestralidade. Figuras e símbolos que representam valores universais, presentes nas várias culturas.

Axé: na tradição das religiões nagô e do candomblé significa a força espiritual básica do universo, a vitalidade que atravessa todos os seres e se condensa em determinadas pessoas e objetos. Vem da divindade suprema Olorum e é comunicada pelos Orixás. Encher-se de axé é o propósito da atitude verdadeiramente religiosa.

Bíblia: o conjunto dos 73 livros sagrados do Antigo e do Novo Testamento. Também chamada Escrituras ou Escritura Sagrada.

Big bang [grande explosão]: representação da origem do universo mediante a explosão fantástica de um minúsculo ponto inicial, com densíssima concentração de energia e de calor, ocorrida presumivelmente há 15 bilhões de anos.

Bohr, Niels (1885-1962): físico dinamarquês que projetou o modelo do átomo, semelhante ao sistema solar. Um dos formuladores da física quântica que vê toda a realidade constituída de feixes (*quantum, quanta* em latim) de energia organizados em campos sempre relacionados com outros em forma de rede. Formulou o princípio da complementaridade, pelo qual os contrários devem ser vistos e assumidos como expressão da mesma realidade complexa, para termos um quadro completo da verdade e da realidade.

Buda (560-480 aC): fundador do budismo. Seu nome originário era Sidarta Gautama. Com 29 anos abandonou a casa paterna para buscar a redenção. Depois de um longo caminho espiritual e de prolongada reflexão sobre o sofrimento, suas causas e sua superação, chegou à iluminação. Ganhou o título de Buda, que significa o iluminado. Semelhantemente ao cristianismo, há o Buda histórico (Sidarta), o Buda da fé (o corpo do Buda que são as doutrinas) e o Buda transcendente (o budidade, a essência da iluminação que como semente se encontra em todos os seres, vai se realizando processualmente até chegar ao nirvana, a suprema realização no Mistério).

Che Guevara (1928-1968): médico argentino e líder revolucionário que atuou junto com Fidel Castro na revolução cubana; criou a guerrilha na floresta amazônica no sul da Bolívia para daí expandir a rebelião pelo resto do Continente. Foi preso e assassinado covardemente por soldados do exército boliviano; exemplo do revolucionário idealista, ético e generoso, deixando a famosa frase: "importa endurecer, sem perder a ternura jamais".

Cocar: penacho que os caciques usam na cabeça, composto de muitas plumas, para significar sua autoridade.

Comunional: adjetivo de comunhão que é a relação de amor que permite a convivência e a união na diferença.

Concidadania: neologismo que significa a cidadania participativa, vivida pelos movimentos sociais, pela qual cidadãos se unem a outros cidadãos para lutar por seus direitos.

Cidadania define a posição do cidadão em face do Estado. A concidadania define o cidadão em face de outro cidadão.

Copérnico, Nicolau (1473-1543): astrônomo fundador do heliocentrismo (o Sol é o centro do sistema solar e não a Terra). Foi padre, nasceu na Polônia e viveu na Itália.

Cosmogênese: é a gênese do cosmos. Este não está acabado, mas ainda em processo de nascimento e de evolução.

Dalai Lama: significa "o oceano do saber". É o cabeça religioso e político do Tibete, cuja residência é no Mosteiro de Potala em Lasa. O atual Dalai Lama nasceu em 1935. Depois da invasão do Tibete pela China em 1959, vive no exílio em Dharmasala, na Índia. Percorre o mundo em missão de paz, ganhando o prêmio do mesmo nome em 1989.

Dante Alighieri (1265-1321): o maior poeta italiano. Escreveu a *Divina Comédia*, obra poética em cem cânticos, dividida em Inferno, Purgatório e Paraíso, escrita no dialeto toscano que se transformou depois no italiano clássico e atual.

Darvin, Charles (1809-1882): biólogo inglês que formulou a Teoria da Evolução das Espécies e a seleção natural pelo triunfo do mais forte.

Dogmatismo: atitude de uma pessoa aferrada a dogmas, isto é, a verdades estabelecidas de uma vez por todas e não submetidas à crítica e ao desenvolvimento.

Eckhart, Mestre (1260-1328): místico alemão, da ordem dos dominicanos. Sustentava que Deus vive no coração das pessoas e lá, como Pai, nos gera como seus filhos e filhas na força do Espírito Santo.

Ecologia: estudo das relações que todos os seres vivos e inertes mantêm entre si e com o meio ambiente. É o estudo (*logos*) da casa comum (*oikos*) para que seja preservada: nosso planeta Terra. Existe a ecologia ambiental, a social, a mental e a integral (que engloba todas as outras e as relações com o universo e com Deus).

Einstein, Albert (1879-1955): formulador da Teoria da Relatividade e da equivalência entre matéria e energia com sua famosa fórmula: $E = mc^2$. Com isso revolucionou a visão da matéria e do universo.

Entropia: desgaste natural e irreversível da energia de um sistema ou de todo o universo tendendo a zero = morte térmica (o calor todo se perde).

Escrituras: Ver Bíblia.

Estereótipo: comportamento fixado, inalterável, sempre repetido mesmo diante de mudanças significativas; clichê.

Etnocentrismo: atitude de fechamento nos valores de sua raça (etnia) e de sua cultura.

Francisco de Assis (1182-1226): santo italiano, fundador da Ordem Franciscana. Desenvolveu uma piedade cósmica. Via todos os seres como irmãos e irmãs e como tais os tratava com ternura e suma veneração. Patrono da ecologia.

Fundamentalismo: atitude fanática de pessoas que se aferram ao fundamento de suas convicções com desprezo por outros fundamentos e por outras convicções.

Galileu Galilei (1564-1642): matemático e filósofo, um dos fundadores da ciência moderna. Defendeu cientificamente o heliocentrismo (confira Copérnico). Foi processado e condenado pela Inquisição em 1633 por afirmar que a Terra gira ao redor do Sol. Atribui-se ele a frase: "e pur si muove..." ("e apesar da condenação se move" a Terra ao redor do Sol e não o contrário, como queriam os Inquisidores).

Galinismo: neologismo para definir a atitude de quem se reduz apenas à sua dimensão-galinha, esquecendo a águia que traz dentro de si.

Gandhi, Mahatma (1869-1948): líder da independência da Índia. Acreditava na força intrínseca da verdade para a mobilização política, na não violência ativa e na religião como mística para elevar a vida humana e aliviar os conflitos sociais. Desde 1915 foi chamado pelos indianos de *Mahatma*, a Grande Alma, em sânscrito.

Gênesis: primeiro livro da Bíblia e do Pentateuco (cinco livros: Gênesis, Êxodo, Levítico, Números e Deuteronômio) em que se narra a criação do mundo, a história da humanidade até o dilúvio e a história dos patriarcas do povo hebreu, Abraão, Isaac e Jacó. Foi escrito por volta do ano 1000 aC.

Hagadá: Livro em forma de antologia, que apresenta, em forma simples, a origem do judaísmo (ver Midraxe).

Halacá: Termo hebreu que significa curso, lei judaica. Geralmente usado em oposição a Hagadá (ver Midraxe).

Hebreu: povo semita do Médio Oriente, do qual se originaram os judeus de hoje. É o povo bíblico das Escrituras judaicas e cristãs.

Heisenberg, Werner (1901-1976): físico alemão, um dos formuladores da nova física e do princípio de indeterminação. Por esse princípio afirma-se que tudo provém de infinitas probabilidades, algumas realizadas e outras abertas à realização. Não existe determinação absoluta na natureza e nas suas leis. Mostrou também que o sujeito que se relaciona com a realidade sempre a afeta, modificando-a e tornando assim impossível uma separação estrita entre sujeito do conhecimento e objeto conhecido.

Heráclito (550-480 aC): filósofo grego de Éfeso, na Ásia Menor. Sua intuição filosófica fundamental foi a mudança constante da realidade, sem contudo perder sua essência, à semelhança do rio, cujas águas sempre mudam, mas que mantém sua identidade de rio.

I Ching: O livro das mutações. Livro de oráculos, surgido entre 1150-249 aC na China.

Individuação: ver Processo de individuação.

João da Cruz (1542-1591): santo espanhol e ardente místico do amor até a identificação com Deus. Suas principais obras são o *Cântico Espiritual* e a *Subida ao Monte Carmelo*.

King, Martin Luther (1929-1968): líder negro norte-americano, pastor protestante, criador do movimento da resistência não violenta pelos direitos dos negros. Grande orador e mobilizador de massas, chegando a levar mais de um milhão de pessoas na famosa Marcha sobre Washington. Foi assassinado em 1968.

Madre Teresa de Calcutá: religiosa iugoslava que viveu na Índia e se dedicava a recolher moribundos das ruas para que morressem dignamente no convívio humano. Foi Prêmio Nobel da Paz.

Mãe Menininha do Gantois: famosa líder religiosa do Candomblé baiano que entretinha diálogos frequentes com intelectuais e outros religiosos com grande abertura ecumênica.

Maomé (570-632): fundador do islamismo. De origem humilde, foi comerciante até os 40 anos. Teve então uma revelação divina conservada no livro do Corão. Sentiu-se profeta enviado para anunciar ao mundo o Deus único, Alá, a submissão abnegada e a fraternidade entre os homens. O islamismo é, depois do cristianismo, a religião mais numerosa de todas e a que mais cresce.

Martinho de Tours (316-397): mártir e apóstolo das Gálias, patrono dos reis merovíngios franceses.

Menchú, Rigoberta: líder indígena da Guatemala, Prêmio Nobel da Paz por sua luta não violenta pela defesa das culturas indígenas mundiais, especialmente latino-americanas.

Mendes, Chico: líder dos povos da floresta, no Acre, ecologista defensor do extrativismo como forma de preservação das riquezas da Amazônia e assassinado em 1988.

Merton, Thomas (1915-1968): monge norte-americano trapista, conhecido por sua mística em diálogo com o mundo moderno e com as tradições orientais. Suas obras mais conhecidas são: *A montanha dos sete patamares* e *Contemplação num mundo em ação*, pela Editora Vozes de Petrópolis.

Messiânico: adjetivo de Messias, pessoa enviada por Deus para redimir a humanidade e resgatar a criação. Sua missão é sempre coletiva. Messiânica diz-se de uma pessoa que possui as características de sede de justiça, de solidariedade para com os oprimidos, de grande bondade e de amor incondicional, irradiando por isso grande força de convencimento.

Metáfora: recurso linguístico pelo qual se usa uma palavra em sentido figurado para expressar uma realidade que mostra semelhança ou conaturalidade com a significação natural desta palavra. Assim, por exemplo, a águia pode ser metáfora da vontade de voar e de transcender do ser humano; galinha, da situação cotidiana de quem se ocupa das coisas do dia a dia.

Midraxe: *midrash* em hebraico significa interpretar e aprofundar. Midraxe-halacá, quando se trata de leis, e Midraxe-hagadá, quando de histórias.

Mística: é adjetivo da palavra mistério em grego. Diz-se que alguém é místico quando tem uma experiência pessoal da Realidade Suprema. O místico não ensina doutrinas, mas testemunha um encontro com o Divino e constrói um caminho experiencial rumo ao Mistério último do universo.

Moisés: viveu cerca de 1225 aC, considerado o fundador da religião que cultua Javé como o Deus da aliança com o povo de Israel. Criado por uma filha do faraó do Egito, sentiu o chamado de Javé na sarça ardente para libertar o povo judeu da escravidão. Depois de uma perigosa fuga do Egito, conduziu o povo pelo deserto durante quarenta anos. No Monte Sinai recebeu a tábua dos dez mandamentos. É considerado o grande legislador da religião judaica e o pai das tradições bíblicas.

Moralismo: atitude de quem só se rege por princípios morais estritos, sem diálogo com as outras pessoas e sem considerar as transformações da realidade.

Naturalista: estudioso e especialista da história natural, de plantas, aves e animais.

Newton, Isaac (1643-1727): físico e matemático inglês. Descobriu a lei da gravidade. Elaborou uma visão mecânica do universo, regido por leis imutáveis. Sua influência se estende até os dias de hoje.

Numinoso: vem do latim *numen* que significa divindade. É sinônimo de sagrado, de fogo interior. Estado de consciência de quem teve uma experiência de encontro e de união com a Suprema Realidade.

Panenteísmo: doutrina religiosa; afirma que Deus está em tudo e tudo está em Deus. Guardam-se as diferenças entre Deus e as criaturas, mas se acentua sua mútua presença. Não deve ser identificado com panteísmo.

Panteísmo: doutrina segundo a qual não há outra realidade senão Deus. Tudo é Deus, as pedras, os animais, o ser humano e o universo, sem distinção. Não deve ser confundido com panenteísmo.

Paradigma/paradigmático: modelo, padrão, solução exemplar. Um caso é considerado paradigmático quando serve de referência e de exemplo para situações semelhantes ou conaturais.

Paradoxo: afirmação que se opõe ao sistema comum de entendimento e que, contudo, é verdadeira. Os opostos se encontram dentro de uma realidade maior que os envolve e os transcende.

Personalização: dar caráter pessoal a ou chegar a ser pessoa.

Pessoa, Fernando (1888-1935): poeta português. Usou vários heterônimos (outros nomes), Alberto Caieiro, Álvaro de Campos e Ricardo Reis, para expressar os diferentes gêneros literários, classicismo, simbolismo e futurismo.

Platão (427-347 aC): filósofo grego, fundador do platonismo, tendência que dá primazia às ideias e aos ideais sobre a realidade concreta. Seu sistema influencia o pensamento mundial até os dias de hoje.

Pragmatismo: atitude de quem se orienta apenas pela prática e pelos efeitos intencionados, sem dar maior consideração aos princípios éticos.

Prigogine, Ilya: nasceu em 1917 em Moscou e viveu em Bruxelas e em Austin (EUA). Físico-químico, ganhou o Prêmio Nobel em 1977 por sua pesquisa sobre os processos biológicos que se organizam a partir do caos e do desequilíbrio, formando ordens mais altas e ordenadas. É um dos formuladores da Teoria do Caos Generativo.

Processo de individuação: expressão criada pelo psicanalista Carl Gustav Jung para designar o esforço humano de integração de todas as energias psíquicas, conscientes e inconscientes, pela criação de um Centro vital, chamado *Self* (Si-mesmo), onde se encontra a imagem de Deus e a presença de Deus mesmo na profundidade humana.

Rabino: sacerdote do culto judaico e doutor das leis do judaísmo.

Rafael (1483-1520): pintor renascentista italiano, chefe de construção da Basílica de São Pedro do Vaticano. Famosos são seus quadros *Madonna Colonna* e a *Escola de Atenas*.

Realismo histórico: atitude de quem, na política, considera apenas a correlação de forças vigentes e se alinha com os poderes dominantes, sem uma perspectiva de longo prazo, orientada pelos interesses maiores da nação.

Retórica: argumentação, arrazoado nem sempre convincente.

Robinson Crusoé: herói do romance de aventura de Daniel Defoe, *A vida e as estranhas aventuras de Robinson Crusoé* (1719). Robinson vivia sozinho numa ilha na desembocadura do Rio Orinoco. Tornou-se símbolo de uma vida solitária e sem contato com a civilização.

Romero, Oscar Arnulfo (1917-1977): arcebispo de San Salvador da República El Salvador, assassinado quando celebrava a missa. Defensor dos pobres, da Teologia da Libertação e severo crítico dos regimes militares ditatoriais da América Central.

Rumi, Jalal ud-Din (1207-1273): poeta e místico muçulmano, nascido no Tajiquistão, considerado o maior místico do amor humano e divino.

Saga: história ou narrativa rica de incidentes que significam desafios a serem superados. Cada pessoa humana elabora sua saga pessoal.

Sinergia: cooperação, convergência de energias, colaboração entre as pessoas que colocam em comum suas qualidades para a consecução de um bem comum.

Stein, Edith (1891-1942): Filósofa judia, convertida ao cristianismo e religiosa carmelita, presa pelos nazistas e enviada à câmara de gás em Auschwitz.

Sustentabilidade: termo tirado da biologia e assumido pela ecologia. É a satisfação das necessidades básicas de uma sociedade, sem comprometer o capital natural e as gerações futuras que têm também o direito de satisfazer suas necessidades e de herdar um planeta com seus ecossistemas preservados e enriquecidos.

Talmud: em hebraico significa Doutrina. É o conjunto dos escritos que recolhem tradições orais e comentários dos escritos bíblicos do Antigo Testamento. Esses terminaram de ser codificados por volta de 500 aC. Por mil anos se fizeram estudos e comentários, recolhidos pelo *Talmud*. Ele acabou de ser elaborado por volta de 500 dC. Existe o *Talmud* babilônico, com cerca de 10 mil páginas, e o palestinense, que é sua condensação mais breve.

Tarô: baralho de cartas, existente desde o século XIV na França e na Itália, pelo qual se procura conhecer a vida, as tendências e as possibilidades das pessoas.

Teresa d'Ávila (1515-1582): santa e mística espanhola, companheira de São João da Cruz, que deixou uma grandiosa obra espiritual e poética. Seus principais escritos são: *Livro da vida*, *Castelo interior ou Moradas*.

Territorializar: circunscrever a ação humana dentro de um determinado espaço cultural e de um determinado tempo histórico. O ser humano vive sempre territorializado e, ao mesmo tempo, rompe todas as territorializações dadas.

Utopia: nome de um romance de Thomas Morus (1516): Utopia, literalmente, significa: "de nenhum lugar". Utopia é a descrição de um estado ideal da condição humana, pessoal e social, que não existe em nenhum lugar mas que serve para relativizar qualquer tipo de sociedade, criticá-la e também impulsioná-la para que se modifique e se oriente na direção do ideal apresentado. A utopia representa a realização plena de virtualidades presentes dentro da vida. Neste sentido, o utópico pertence ao real, na sua dimensão possível e virtual.

Weil, Simone (1909-1943): filósofa francesa de origem judia, que se fez cristã sem abandonar o judaísmo. Seus escritos estão pervadidos da mística do trabalho e da compaixão pelo sofrimento da classe operária oprimida. Suas principais obras são: *O peso e a graça* e *À espera de Deus*.

Livros de Leonardo Boff

1 – *O Evangelho do Cristo Cósmico.* Petrópolis: Vozes, 1971. • Reeditado pela Record (Rio de Janeiro), 2008.

2 – *Jesus Cristo libertador.* Petrópolis: Vozes, 1972.

3 – *Die Kirche als Sakrament im Horizont der Welterfahrung.* Paderborn: Verlag Bonifacius-Druckerei, 1972 [Esgotado].

4 – *A nossa ressurreição na morte.* Petrópolis: Vozes, 1972.

5 – *Vida para além da morte.* Petrópolis: Vozes, 1973.

6 – *O destino do homem e do mundo.* Petrópolis: Vozes, 1973.

7 – *Experimentar Deus.* Petrópolis: Vozes, 2012 [Publicado em 1974 pela Vozes com o título *Atualidade da experiência de Deus*].

8 – *Os sacramentos da vida e a vida dos sacramentos.* Petrópolis: Vozes, 1975.

9 – *A vida religiosa e a Igreja no processo de libertação.* 2. ed. Petrópolis: Vozes/CNBB, 1975 [Esgotado].

10 – *Graça e experiência humana.* Petrópolis: Vozes, 1976.

11 – *Teologia do cativeiro e da libertação.* Lisboa: Multinova, 1976. • Reeditado pela Vozes, 1998.

12 – *Natal*: a humanidade e a jovialidade de nosso Deus. Petrópolis: Vozes, 1976.

13 – *Eclesiogênese* – As comunidades reinventam a Igreja. Petrópolis: Vozes, 1977. • Reeditado pela Record (Rio de Janeiro), 2008.

14 – *Paixão de Cristo, paixão do mundo.* Petrópolis: Vozes, 1977.

15 – *A fé na periferia do mundo.* Petrópolis: Vozes, 1978 [Esgotado].

16 – *Via-sacra da justiça*. Petrópolis: Vozes, 1978 [Esgotado].

17 – *O rosto materno de Deus*. Petrópolis: Vozes, 1979.

18 – *O Pai-nosso* – A oração da libertação integral. Petrópolis: Vozes, 1979.

19 – *Da libertação* – O teológico das libertações sócio-históricas. Petrópolis: Vozes, 1979 [Esgotado].

20 – *O caminhar da Igreja com os oprimidos*. Rio de Janeiro: Codecri, 1980. • Reeditado pela Vozes (Petrópolis), 1988.

21 – *A Ave-Maria* – O feminino e o Espírito Santo. Petrópolis: Vozes, 1980.

22 – *Libertar para a comunhão e participação*. Rio de Janeiro: CRB, 1980 [Esgotado].

23 – *Igreja*: carisma e poder. Petrópolis: Vozes, 1981. • Reedição ampliada: Ática (Rio de Janeiro), 1994; Record (Rio de Janeiro) 2005.

24 – *Crise, oportunidade de crescimento*. Petrópolis: Vozes, 2011 [Publicado em 1981 pela Vozes com o título *Vida segundo o Espírito*].

25 – *São Francisco de Assis* – ternura e vigor. Petrópolis: Vozes, 1981.

26 – *Via-sacra para quem quer viver*. Petrópolis: Vozes, 1991 [Publicado em 1982 pela Vozes com o título *Via-sacra da ressurreição*].

27 – *O livro da Divina Consolação*. Petrópolis: Vozes, 2006 [Publicado em 1983 com o título de *Mestre Eckhart*: a mística do ser e do não ter].

28 – *Ética e ecoespiritualidade*. Petrópolis: Vozes, 2011 [Publicado em 1984 pela Vozes com o título *Do lugar do pobre*].

29 – *Teologia à escuta do povo*. Petrópolis: Vozes, 1984 [Esgotado].

30 – *A cruz nossa de cada dia*. Petrópolis: Vozes, 2012 [Publicado em 1984 pela Vozes com o título *Como pregar a cruz hoje numa sociedade de crucificados*].

31 – (com Clodovis Boff) *Teologia da Libertação no debate atual*. Petrópolis: Vozes, 1985 [Esgotado].

32 – *A Trindade e a sociedade*. Petrópolis: Vozes, 2014 [publicado em 1986 com o título *A Trindade, a sociedade e a libertação*].

33 – *E a Igreja se fez povo*. Petrópolis: Vozes, 1986 (esgotado). • Reeditado em 2011 com o título *Ética e ecoespiritualidade*, em conjunto com *Do lugar do pobre*.

34 – (com Clodovis Boff) *Como fazer Teologia da Libertação?* Petrópolis: Vozes, 1986.

35 – *Die befreiende Botschaft*. Friburgo: Herder, 1987.

36 – *A Santíssima Trindade é a melhor comunidade*. Petrópolis: Vozes, 1988.

37 – (com Nelson Porto) *Francisco de Assis* – homem do paraíso. Petrópolis: Vozes, 1989. • Reedição modificada em 1999.

38 – *Nova evangelização*: a perspectiva dos pobres. Petrópolis: Vozes, 1990 [Esgotado].

39 – *La misión del teólogo em la Iglesia*. Estella: Verbo Divino, 1991.

40 – *Seleção de textos espirituais*. Petrópolis: Vozes, 1991 [Esgotado].

41 – *Seleção de textos militantes*. Petrópolis: Vozes, 1991 [Esgotado].

42 – *Con La libertad del Evangelio*. Madri: Nueva Utopia, 1991.

43 – *América Latina*: da conquista à nova evangelização. São Paulo: Ática, 1992 [Esgotado].

44 – *Ecologia, mundialização e espiritualidade*. São Paulo: Ática, 1993. • Reeditado pela Record (Rio de Janeiro), 2008.

45 – (com Frei Betto) *Mística e espiritualidade*. Rio de Janeiro: Rocco, 1994. • Reedição revista e ampliada pela Vozes (Petrópolis), 2010.

46 – *Nova era*: a emergência da consciência planetária. São Paulo: Ática, 1994. • Reeditado pela Sextante (Rio de Janeiro) em 2003 com o título de *Civilização planetária*: desafios à sociedade e ao cristianismo [Esgotado].

47 – *Je m'explique*. Paris: Desclée de Brouwer, 1994.

48 – (com A. Neguyen Van Si) *Sorella Madre Terra*. Roma: Ed. Lavoro, 1994.

49 – *Ecologia* – Grito da terra, grito dos pobres. São Paulo: Ática, 1995. • Reeditado pela Record (Rio de Janeiro) em 2015.

50 – *Princípio Terra* – A volta à Terra como pátria comum. São Paulo: Ática, 1995 [Esgotado].

51 – (org.) *Igreja*: entre norte e sul. São Paulo: Ática, 1995 [Esgotado].

52 – (com José Ramos Regidor e Clodovis Boff) *A Teologia da Libertação*: balanços e perspectivas. São Paulo: Ática, 1996 [Esgotado].

53 – *Brasa sob cinzas*. Rio de Janeiro: Record, 1996.

54 – *A águia e a galinha*: uma metáfora da condição humana. Petrópolis: Vozes, 1997.

55 – *A águia e a galinha*: uma metáfora da condição humana. Edição comemorativa – 20 anos. Petrópolis: Vozes, 2017.

56 – (com Jean-Yves Leloup, Pierre Weil, Roberto Crema) *Espírito na saúde*. Petrópolis: Vozes, 1997.

57 – (com Jean-Yves Leloup, Roberto Crema) *Os terapeutas do deserto* – De Fílon de Alexandria e Francisco de Assis a Graf Dürckheim. Petrópolis: Vozes, 1997.

58 – *O despertar da águia*: o dia-bólico e o sim-bólico na construção da realidade. Petrópolis: Vozes, 1998.

59 – *O despertar da águia*: o dia-bólico e o sim-bólico na construção da realidade. Edição especial. Petrópolis: Vozes, 2017.

60 – *Das Prinzip Mitgefühl* – Texte für eine bessere Zukunft. Friburgo: Herder, 1999.

61 – *Saber cuidar* – Ética do humano, compaixão pela terra. Petrópolis: Vozes, 1999.

62 – *Ética da vida*. Brasília: Letraviva, 1999. • Reeditado pela Record (Rio de Janeiro), 2009.

63 – *Coríntios* – Introdução. Rio de Janeiro: Objetiva, 1999 (Esgotado).

64 – *A oração de São Francisco*: uma mensagem de paz para o mundo atual. Rio de Janeiro: Sextante, 1999. • Reeditado pela Vozes (Petrópolis), 2014.

65 – *Depois de 500 anos*: que Brasil queremos? Petrópolis: Vozes, 2000 [Esgotado].

66 – *Voz do arco-íris*. Brasília: Letraviva, 2000. • Reeditado pela Sextante (Rio de Janeiro), 2004 [Esgotado].

67 – (com Marcos Arruda) Globalização: desafios socioeconômicos, éticos e educativos. Petrópolis: Vozes, 2000.

68 – *Tempo de transcendência* – O ser humano como um projeto infinito. Rio de Janeiro: Sextante, 2000. • Reeditado pela Vozes (Petrópolis), 2009.

69 – (com Werner Müller) *Princípio de compaixão e cuidado*. Petrópolis: Vozes, 2000.

70 – *Ethos mundial* – Um consenso mínimo entre os humanos. Brasília: Letraviva, 2000. • Reeditado pela Record (Rio de Janeiro) em 2009.

71 – *Espiritualidade* – Um caminho de transformação. Rio de Janeiro: Sextante, 2001. • Reeditado pela Mar de Ideias (Rio de Janeiro) em 2016.

72 – *O casamento entre o céu e a terra* – Contos dos povos indígenas do Brasil. São Paulo: Salamandra, 2001. • Reeditado pela Mar de Ideias (Rio de Janeiro) em 2014.

73 – *Fundamentalismo*. Rio de Janeiro: Sextante, 2002. • Reedição ampliada e modificada pela Vozes (Petrópolis) em 2009 com o título *Fundamentalismo, terrorismo, religião e paz*.

74 – (com Rose Marie Muraro) *Feminino e masculino*: uma nova consciência para o encontro das diferenças. Rio de Janeiro: Sextante, 2002. • Reeditado pela Record (Rio de Janeiro), 2010.

75 – *Do iceberg à arca de Noé*: o nascimento de uma ética planetária. Rio de Janeiro: Garamond, 2002. • Reeditado pela Mar de Ideias (Rio de Janeiro), 2010.

76 – *Crise*: oportunidade de crescimento. Campinas: Verus, 2002. • Reeditado pela Vozes (Petrópolis) em 2011.

77 – (com Marco Antônio Miranda) *Terra América*: imagens. Rio de Janeiro: Sextante, 2003 [Esgotado].

78 – *Ética e moral*: a busca dos fundamentos. Petrópolis: Vozes, 2003.

79 – *O Senhor é meu Pastor*: consolo divino para o desamparo humano. Rio de Janeiro: Sextante, 2004. • Reeditado pela Vozes (Petrópolis), 2013.

80 – *Responder florindo*. Rio de Janeiro: Garamond, 2004 [Esgotado].

81 – *Novas formas da Igreja*: o futuro de um povo a caminho. Campinas: Verus, 2004 [Esgotado].

82 – *São José*: a personificação do Pai. Campinas: Verus, 2005. • Reeditado pela Vozes (Petrópolis), 2012.

83 – *Un Papa difficile da amare*: scritti e interviste. Roma: Datanews Ed., 2005.

84 – *Virtudes para um outro mundo possível* – Vol. I: Hospitalidade: direito e dever de todos. Petrópolis: Vozes, 2005.

85 – *Virtudes para um outro mundo possível* – Vol. II: Convivência, respeito e tolerância. Petrópolis: Vozes, 2006.

86 – *Virtudes para um outro mundo possível* – Vol. III: Comer e beber juntos e viver em paz. Petrópolis: Vozes, 2006.

87 – *A força da ternura* – Pensamentos para um mundo igualitário, solidário, pleno e amoroso. Rio de Janeiro: Sextante, 2006. • Reeditado pela Mar de Ideias (Rio de Janeiro) em 2012.

88 – *Ovo da esperança*: o sentido da Festa da Páscoa. Rio de Janeiro: Mar de Ideias, 2007.

89 – (com Lúcia Ribeiro) *Masculino, feminino*: experiências vividas. Rio de Janeiro: Record, 2007.

90 – *Sol da esperança* – Natal: histórias, poesias e símbolos. Rio de Janeiro: Mar de Ideias, 2007.

91 – *Homem*: satã ou anjo bom. Rio de Janeiro: Record, 2008.

92 – (com José Roberto Scolforo) *Mundo eucalipto*. Rio de Janeiro: Mar de Ideias, 2008.

93 – *Opção Terra*. Rio de Janeiro: Record, 2009.

94 – *Meditação da luz*. Petrópolis: Vozes, 2010.

95 – *Cuidar da Terra, proteger a vida*. Rio de Janeiro: Record, 2010.

96 – *Cristianismo*: o mínimo do mínimo. Petrópolis: Vozes, 2011.

97 – *El planeta Tierra*: crisis, falsas soluciones, alternativas. Madri: Nueva Utopia, 2011.

98 – (com Marie Hathaway) *O Tao da Libertação* – Explorando a ecologia da transformação. 2. ed. Petrópolis: Vozes, 2012.

99 – *Sustentabilidade*: O que é – O que não é. Petrópolis: Vozes, 2012.

100 – *Jesus Cristo Libertador*: ensaio de cristologia crítica para o nosso tempo. Petrópolis: Vozes, 2012 [Selo Vozes de Bolso].

101 – *O cuidado necessário*: na vida, na saúde, na educação, na ecologia, na ética e na espiritualidade. Petrópolis: Vozes, 2012.

102 – *As quatro ecologias: ambiental, política e social, mental e integral*. Rio de Janeiro: Mar de Ideias, 2012.

103 – *Francisco de Assis* – Francisco de Roma: a irrupção da primavera? Rio de Janeiro: Mar de Ideias, 2013.

104 – *O Espírito Santo* – Fogo interior, doador de vida e Pai dos pobres. Petrópolis: Vozes, 2013.

105 – (com Jürgen Moltmann) *Há esperança para a criação ameaçada?* Petrópolis: Vozes, 2014.

106 – *A grande transformação*: na economia, na política, na ecologia e na educação. Petrópolis: Vozes, 2014.

107 – *Direitos do coração* – Como reverdecer o deserto. São Paulo: Paulus, 2015.

108 – *Ecologia, ciência, espiritualidade* – A transição do velho para o novo. Rio de Janeiro: Mar de Ideias, 2015.

109 – *A Terra na palma da mão* – Uma nova visão do planeta e da humanidade. Petrópolis: Vozes, 2016.

110 – (com Luigi Zoja) *Memórias inquietas e persistentes de L. Boff.* São Paulo: Ideias & Letras, 2016.

111 – (com Frei Betto e Mario Sergio Cortella) *Felicidade foi-se embora?* Petrópolis: Vozes Nobilis, 2016.

112 – *Ética e espiritualidade* – Como cuidar da Casa Comum. Petrópolis: Vozes, 2017.

113 – *De onde vem?* – Uma nova visão do universo, da Terra, da vida, do ser humano, do espírito e de Deus. Rio de Janeiro: Mar de Ideias, 2017.

114 – *A casa, a espiritualidade, o amor.* São Paulo: Paulinas, 2017.

115 – (com Anselm Grün) *O divino em nós.* Petrópolis: Vozes Nobilis, 2017.

116 – *O livro dos elogios*: o significado do insignificante. São Paulo: Paulus, 2017.

117 – *Brasil* – Concluir a refundação ou prolongar a dependência? Petrópolis: Vozes, 2018.

118 – *Reflexões de um velho teólogo e pensador.* Petrópolis: Vozes, 2018.

119 – *A saudade de Deus* – A força dos pequenos. Petrópolis: Vozes, 2020.

120 – *Covid-19 – A Mãe Terra contra-ataca a Humanidade*: Advertências da pandemia. Petrópolis: Vozes, 2020.

121 – *O doloroso parto da Mãe Terra* – Uma sociedade de fraternidade sem fronteiras e de amizade social. Petrópolis: Vozes, 2021.

122 – *Habitar a Terra* – Qual o caminho para a fraternidade universal? Petrópolis: Vozes, 2021.

CULTURAL

Administração
Antropologia
Biografias
Comunicação
Dinâmicas e Jogos
Ecologia e Meio Ambiente
Educação e Pedagogia
Filosofia
História
Letras e Literatura
Obras de referência
Política
Psicologia
Saúde e Nutrição
Serviço Social e Trabalho
Sociologia

CATEQUÉTICO PASTORAL

Catequese
Geral
Crisma
Primeira Eucaristia

Pastoral
Geral
Sacramental
Familiar
Social
Ensino Religioso Escolar

TEOLÓGICO ESPIRITUAL

Biografias
Devocionários
Espiritualidade e Mística
Espiritualidade Mariana
Franciscanismo
Autoconhecimento
Liturgia
Obras de referência
Sagrada Escritura e Livros Apócrifos

Teologia
Bíblica
Histórica
Prática
Sistemática

REVISTAS

Concilium
Estudos Bíblicos
Grande Sinal
REB (Revista Eclesiástica Brasileira)

VOZES NOBILIS

Uma linha editorial especial, com importantes autores, alto valor agregado e qualidade superior.

VOZES DE BOLSO

Obras clássicas de Ciências Humanas em formato de bolso.

PRODUTOS SAZONAIS

Folhinha do Sagrado Coração de Jesus
Calendário de mesa do Sagrado Coração de Jesus
Almanaque Santo Antônio
Agendinha
Diário Vozes
Meditações para o dia a dia
Encontro diário com Deus
Guia Litúrgico

CADASTRE-SE
www.vozes.com.br

EDITORA VOZES LTDA.
Rua Frei Luís, 100 – Centro – Cep 25689-900 – Petrópolis, RJ
Tel.: (24) 2233-9000 – Fax: (24) 2231-4676 – E-mail: vendas@vozes.com.br

UNIDADES NO BRASIL: Belo Horizonte, MG – Brasília, DF – Campinas, SP – Cuiabá, MT
Curitiba, PR – Fortaleza, CE – Juiz de Fora, MG – Petrópolis, RJ – Recife, PE – São Paulo, SP